Leif Magne Helgesen

Svalbard Ord

Leif Magne Helgesen

Svalbard Ord

Utdrag fra prekener og andakter

Andakt Forlag

Impressum / Imprint
Bibliografische Information der Deutschen Nationalbibliothek: Die Deutsche Nationalbibliothek verzeichnet diese Publikation in der Deutschen Nationalbibliografie; detaillierte bibliografische Daten sind im Internet über http://dnb.d-nb.de abrufbar.

Bibliografisk informasjon publiseres av Deutsche Nationalbibliothek: Deutsche Nationalbibliothek oppfører denne utgaven i Deutsche Nationalbibliografie, detaljerte bibliografiske opplysninger er tilgjengelig på internett: http://dnb.d-nb.de.

Coverbild / Bilde på omslaget: www.ingimage.com

Verlag / Forlag:
Andakt Forlag
ist ein Imprint der / er et varemerke for
OmniScriptum GmbH & Co. KG
Heinrich-Böcking-Str. 6-8, 66121 Saarbrücken, Deutschland / Tyskland
Email / E-post: info@andakt-forlag.com

Herstellung: siehe letzte Seite /
Trykt hos: se siste side
ISBN: 978-3-639-48012-2

Svalbard **Ord**

Utdrag fra prekener og andakter på Svalbard

Leif Magne Helgesen

Innhold

Ord

Svalbard Kirke er verdens nordligste kirke. Den dekker hele Svalbard og har som oppgave å betjene alle som oppholder seg på øygruppen. Den polare naturen fungerer som et mektig alterteppe. Fargene på himmelen lyser opp bre og fjell. Nordlyset spiller opp til dans. Mørke og lys, kulde og enda kaldere. Vakkert og nakent. Sårbart og sterkt på samme tid. Det gjør noe både med prest og folk.

Samtidig som det vakre åpenbares for øyet, drypper det fra isbreen. Isen smelter og gir nye muligheter, men også begrensninger. Dråper blir som sand i et timeglass. Vi lever med et oppdrag. Fremtiden er nå.

Denne boken er full av ord. Felles for dem er at de er formidlet i min tid som verdens nordligste prest. Ord fra Bibelen får vinger og bringes inn i våre liv. Historien om det som skjedde den gang har relevans også i dag. Jesu ord er levende og aktuelle. Det slår meg alltid i arbeidet med prekener. Prekenarbeid kan være en ørkenvandring, men når Ånden gir inspirasjon løftes ordene videre ut.

Jeg har nådegaven til å holde en dårlig preken. Det er en gudgitt gave. Det gjør at jeg kan legge fra meg flinkheten og heller forsøke å kommunisere. Noen ganger kjenner jeg at jeg gjør nettopp det. Andre ganger blir det en avstand som gjør at ordene roter seg bort i snøføyka.

Svalbard Ord er en samling prekener og andakter. De er noe omskrevet fra det muntlige språk til det skriftlige. Boka gir glimt av det som er blitt sagt fra prekestolen i en liten rød kirke i nord. Kirken er et signalbygg i sin enkelhet. Den er åpen døgnet rundt. Folk kan komme midt i natten eller på dagtid for å tenne lys og bare være stille. Eller de kan være tilstede når Ordet forkynnes.

Nytt kirkeår starter første søndag i advent. Boka følger i sin oppbygging kirke-året.

Liv leves i nord og i sør. Håpet er at ordene i denne boka gir inspirasjon og skaper egne refleksjoner. Vi er medskapere på jord. Det er selve kallet. Kristen tro er liv.

Leif Magne Helgesen
Sokneprest
Svalbard

Gebursdagsfest

Preken 1. juledag 2011.

Det er vanlig at den vi feirer er tilstede i sitt eget gebursdagslag. Slik er det også 1. juledag. Vi feirer at Jesus er født, at Ordet ble menneske. Vi feirer det ved at Jesus selv er tilstede i Svalbard Kirke.

Gjennom brød og vin får vi mulighet til å ta del i Jesu legeme og blod, slik han selv vil at vi skal gjøre det. Vi tenner lys i globen som et symbol på bønner for verden. Våre bønner stiles til Gud. Gud er ikke noe abstrakt langt borte i ingenmannsland. Gud er tilstede på Svalbard i dag. Gud er tilstede i kirka, i hjem, på hytter og langt inne i gruva. Gud er der mennesker er.

På julaften er det to fulle hus i Svalbard Kirke. En av gudstjenestene har direkte overføring til Troll-stasjonen i Antarktis. Med et sekunds forsinkelse sees og høres bildene og ordene fra julegudstjenesten i Longyearbyen på Troll, 17 000 kilometer mot sør. Juleevangeliet lyder fra pol til pol, fra verdens ende til verdens ende. Gud er tilstede både i sør og i nord.

På julaften leser vi en kjent tekst fra Lukasevangeliet som begynner med ordene «Det skjedde i de dager». Hvis vi hadde lest ordene på latin hadde det blitt slik *«Factum est!»*

Det har virkelig skjedd. Det er et faktum. En desember natt i Betlehem var det et viktig møte mellom himmel og jord. Guds egen sønn ble født som et menneske. *Factum est!*

Et lite barn hadde en jordisk mor og en himmelsk far. Det umulige er ikke umulig for Gud. *Factum est!*

Et lite barn ble født av den unge Maria i en stall og lagt i halmen i dyrenes matfat. Noen fattige utstøtte gjetere fikk beskjed av en engel om hva som hadde skjedd. *Factum est!*

I begynnelsen var Ordet, Ordet var hos Gud, og Ordet var Gud.
JOH 1

1. juledag er selve fødselsdagen. Det er selve gebursdagen. I alle kirker leses teksten fra Johannesevangeliet. Teksten tar med seg det som har skjedd og bruker andre ord og uttrykk. Johannes bruker selve Ordet.

Longyearbyen barnehage er nærmeste nabo til Svalbard Kirke. På Luciadagen, 13. desember, gikk barna fra barnehagen i prosesjon i kirka med sine hvite kapper. I hendene hadde de lys og øynene strålte som stjerner. Stolte foreldre satt i peisestua og tok bilder av sine håpefulle. Det var en festdag med lys, smil og mye alvor.

Etter prosesjonen var det tid for lussekatter og saft. Det var feststemning for både store og små. Jeg satt ved et bord sammen med noen barn og spurte ei lita jente om hva hun het. Hun svarte med å si navnet sitt. Så fortalte jeg at mitt navn er Leif Magne. «Nei», sa hun bestemt, «du heter Gud!» Jeg prøvde igjen å si navnet mitt, men jeg ble bestemt avvist og fortalt at mitt navn var Gud. Sånn var det. Det var ikke rom for diskusjon. Hun var en bestemt liten dame.

For en tid tilbake var det et annet barn i Longyearbyen som kom til gudstjeneste en søndag formiddag. Jeg hadde fri denne søndagen. Plutselig så han en annen prest enn meg som kom inn i prestekjole bak alteret. Han utbrøt momentant: «Mormor, det er feil Gud!»

Noe må ha gått galt et sted i mine forsøk på å si noe om Gud. Mulig jeg har forsøkt å klatre litt vel høyt i hierarkiet. Det vil vel kalles en kometkarriere, men faren er stor for dype fall og tilbakeskritt. Det er en viss forskjell på presten og på Gud. Jeg er ikke Gud. *Factum est!*

I beste fall kan jeg som prest være en stjerne, men selv der sliter jeg. Stjernen pekte mot stallen, den pekte mot Jesusbarnet og viste vei.

Det er min oppgave som prest å peke på Gud og det lille barnet Jesus. Ser vi slik på det står jeg i en arv fra Johannes døperen som pekte på Jesus og sa: *«Se der Guds lam, som bærer verdens synd.»* På gudstjenester hvor det feires nattverd hører vi nettopp disse ordene sunget. Stjernen peker inn mot sentrum av gudstjenesten der vi møter den levende Kristus gjennom brød og vin.

Vi er i Svalbard Kirke, verdens nordligste kirke. Vi er ikke i hvilket som helst hus. Vi er i Guds Hus. Svalbard Kirke er Guds Hus. Her er verdens nordligste alter hvor brød og vin venter på oss. Framme ved alteret står en krybbe som er snekret av våre naboer i Barentsburg. De er ortodokse russere og ukrainere. Her inne har vi også katolske messer noen ganger i året. Det er mange kirker og religiøse samfunn. Det er mange nasjoner og folkeslag. Det er mange ulike mennesker med forskjellige meninger og ståsted. Men det er *en* sann Gud, fra evighet til evighet. I kirkesamarbeid med andre kristne sier vi det slik: «Enhet, om ikke alltid enighet.»

Vår Bibel begynner med ordene: *«I begynnelsen skapte Gud himmel og jord.»* Vi følger opp i dag med å si de mer poetisk ordene fra Johannesevangeliet: *«I begynnelsen var Ordet. Ordet var hos Gud og Ordet var Gud. Alt er blitt til ved ham.»*

Det skjedde i de dager at Gud skapte verden. Det skjer også i dag.

Gud er fremdeles aktiv som skaper av alt liv. Hverken presten eller noe annet menneske kan stille opp der. Vi må overlate skapelsen av liv til Gud.

Vi er skapt i Guds bilde, men vi er ikke Gud. Vi er ikke herre over været, vi er ikke herre over livet, vi er ikke herre over tiden, men som mennesker har vi fått en oppgave fra Gud selv. Vårt oppdrag er å arbeide videre med det skapte. Vi er medskapere som skal jobbe videre med livet. Det er et hellig oppdrag. Vår oppgave er å ta vare på jorden.

Svalbard, med alle sine ressurser og rike natur, er gitt oss som gave og som oppgave. Vi er satt til å arbeide for livet. Vi har en jobb å gjøre. Vi har fått et guddommelig oppdrag, et kall fra Gud.

I julen feirer vi Gud. Vi feirer at Gud ble født som menneske i barnet Jesus. Jesus var Gud og ble også menneske. Vi feirer at Gud gikk inn i vår tid og inn i våre liv.

Det betyr at vi kan si at Svalbard er et sted hvor Gud er. Det er juleevangeliet til oss i Longyearbyen og utover til alle bosetninger på dette øyriket.

Midt i mørketiden er lyset tent. Gud er på Svalbard. Det finnes ikke noe gudsforlatt sted. Vi kan gå fremtiden i møte. Selv inn i det siste, inn i det ukjent landskapet som kommer etter livet, selv i døden er Gud.

Vi vet hva ord betyr. Vi er vant til å snakke når vi kommuniserer. Vi bruker ord både i samtalen og i det skriftlige. Vi kommuniserer gjennom ord. Slik også for Gud.

Gud kommuniserer gjennom ord. Profetene fikk ord som de brakte videre. Maria ble fortalt at hun skulle bli med barn og bære frem Guds Sønn. Engelen snakket til gjeterne på marken og fortalte det som hadde skjedd. Ord er fortalt videre og skrevet ned og oversatt til vårt eget språk.

Gud snakker gjennom Jesus som selve Ordet. Det er julens budskap. Det er opprettet kontakt med mobilabonnenten. Det er mobilkontakt med Gud over hele Svalbard. Selv der vanlige mobiler ikke har dekning, har Gud kontakt.

Gud har ikke forlatt oss. Gud har ikke vendt menneskene ryggen. Vi vet ikke hvordan det ukjente året som ligger foran oss vil bli, men vi vet at Gud er tilstede på Svalbard. Gud vil følge med videre i våre liv, både i de lyse og de mørke dagene som ligger foran oss. Da kan vi i yr glede ønske hverandre en velsignet juletid og et godt nytt år. Gud har tatt bolig blant oss!

lys i mørketid

vinden tar tak
snø føyker til
kulde biter i fingre og kinn
dag er blitt natt
tid for jul i nord

natten er lang
en stjerne lyser fra himmelen
nordlys spiller vakker symfoni
det er ikke svart
det er lys i mørketid

månen som refleks
barn pyntet til fest
stjerner glitrer i øyne
et smil
et blikk
små hender
fingre som holder fast

vær ikke redd!
lyset skinner i natt
på islagt fjord
over bre og fjell
i kirke og hjem
lys på himmelen kom til jord

Leif Magne Helgesen

Frø spirer i frossen jord

Denne prekenen ble holdt 9. januar 2011, første søndag etter Kristi åpenbaringsdag. Teksten var fra Matt 3,13–17.

I begynnelsen av januar preger fremdeles polarmørket dagen. Mørket skjuler noe av det vi kommer til å se klart bare om noen uker. Når lyset kommer tilbake ser vi mer. Nå ser vi bare konturene av fjellene i måneskinnet, men vi skal se mer. Det vi aner som en virkelighet, skal åpenbares for oss.

Fjell og daler er dekket av snø og is. Selv om mørket prøver å tegne landskapet i svart, er hele Svalbard kledd i hvit skrud.

Under snøen ligger noen frosne planter og frø som skal bli til blomster om noen måneder. Det er et av jordens mirakler. Livets under skal skje. Opp av fryseren skal det vokse vakre planter. Svalbardvalmue, snøull og saxifraga skal blomstre i all sin prakt.

Vi har forlatt juletiden. Alle julebesøkene er unnagjort. Gavene er pakket ut. Lysene på juletreet utenfor kirka er skrudd av. Stjerna i vinduet er borte. Julen er historie, men lyset skinner videre. Det lys som skinner i mørket og som også skinner når midnattssolen er tilbake. Lyset i mørket og lyset i lyset.

Det er vanskelig å legge merke til det lyset som skinner i den lyse tiden. Når vi lykkes i våre liv, når velstanden og helsa er god, kan vi lett komme til å glemme behovet for noe mer. Gud kan føles unødvendig. Vi klarer alt selv. Det er lett å miste troen når livet likevel leves på første klasse.

Derfor kan bønnen og ropet fra den som ligger nede, den som er i mørke, være et mer ekte nødrop enn fra den som har alt. Ropet fra den fattige, ropet fra den syke, ropet fra den ensomme er ekte rop om hjelp. Det kan være en enklere vei inn i himmelens rike for den som er i mørket, enn for den som har alt og ikke trenger å be om hjelp.

Lyset i mørket. Lyset i lyset. Det forteller oss at vi snakker om noe mer enn sol, måne og stjerner. Vi snakker om noe mer enn adventslys og lys på juletreet, noe mer enn elektrisk lys i en stjerne i vinduet. Vi aner noen lysstråler med en helt annen energi enn den vi selv klarer å få til med all vår teknologi og kunnskap. Vi snakker om en kraft som er sterkere enn solens energi.

Kristi åpenbaringstid kommer til oss i julens ettertid. Det er en tid i kirkeåret som varer frem til askeonsdag og faste. Åpenbaringstiden er en glad tid. Vi tar med oss lysene vi har tent i julen. Vi tar med oss lyset som ble født til jord.

Det sanne lys, som lyser for hvert menneske, kom nå til verden.
JOH 1

Det sanne lys, som lyser for hvert menneske, lyser også i 2011. Det gir visjoner. Det gir håp. Vi ser fremover. Vi lever i lysets fremtid.

Denne søndagens tekst er en vakker tekst fra Matteusevangeliet der vi møter Jesus som voksen. Han har enda ikke skikkelig begynt på sin gjerning. Jesus ønsker å bli døpt av Johannes. Derfor drar han ut i ørkenen for å døpes.

Døperen Johannes var veiarbeider. Han ryddet veien for at en annen skulle kunne komme frem og gjøre sitt arbeid. Det handlet ikke bare om å måke vekk snøen av veien, selv om vi vet at det ofte er en nødvendighet her i vår polare virkelighet. Det handlet om å bygge en helt ny vei. Det var oppgaven til døperen Johannes.

Johannes var sterk i ordene. Som veiarbeider visste han at han av og til måtte sprenge bort noen fjellknauser. Det var hardt arbeid med mye svette. Han snakket direkte og bestemt om å vende om for å unngå Guds dom. Folket måtte bort fra synden.

Det overraskende var at plutselig, i den lange køen av syndere, kom Jesus vandrende for å bli døpt. Jesus trengte ingen dåp til syndenes forlatelse. Som Guds egen Sønn, trengte han ikke det. Derfor sier Johannes: *«Jeg trenger å bli døpt av deg, og så kommer du til meg?»*

Jesus blir døpt i Jordanelva. Navnet *Jordan* betyr «det som går nedover». Denne elven går ned til 390 m under havoverflaten.

Vi har noen andre slike steder som vi kjenner til. I vårt nabosamfunn, Barentsburg, går kullgruva 300 meter under havoverflaten. I Donetsk i Ukraina, der mange av gruvearbeiderne i Barentsburg kommer fra, går gruvene enda dypere.

Dypt nede i jordens indre, der ingenting vokser og alt er dødt, ble Jesus døpt.

Dypt i jordens indre viser Gud sin fulle solidaritet med oss. Gud planter seg selv dypt i jorden som et frø som skal vokse opp til et livgivende blomstrende tre. Ser vi hvordan Jesus går dypt inn i våre liv?

I det samme vannet som mange mennesker gikk ut i og bekjente sine synder, i det vannet som rant mot det døde og livløse havet, dit gikk Jesus for å la seg døpe. Han identifiserte seg hundre prosent med oss. Han skulle bære verdens synd. Det var oppdraget.

Gud hadde en velregissert plan. Planen strakte seg fram mot korset og oppstandelsen. Planen strekker seg helt inn i vår tid og inn i våre liv.

Da Jesus gikk opp av elva var han klar. Det var starten på et liv i full solidaritet med alt liv. Det var starten på kampen for livet.

Det er ikke alt vi forstår fullt ut, men vi aner noen dybder i ordene og i Jesu handlinger. Det kan være vanskelig å forstå at Jesus var både menneske og Gud, men vi kan ane sannheten som er plantet i dypet. Den Nikenske trosbekjennelsen sier det slik:

> *Gud av Gud, Lys av lys.*
> *For oss mennesker og til vår frelse,*
> *steg han ned fra himmelen*
> *Hans rike skal være uten ende*

Vi døper våre barn i Svalbard Kirke. Vi døper dem ikke i Johannesdåpen. Vi døper ikke som en botshandling. Det er ingen prestasjon å bli døpt. Et lite og sårbart barn er et levende symbol på at det ikke er våre gjerninger som gir oss billett til livet sammen med Gud. Skulle vi prestert oss inn i Guds rike, ville vi blitt utslitt av vårt eget strev og jag. I stedet kan vi hvile i at det er Gud som gir oss en gave som varer evig. Det kalles nåde.

Vi døpes i Faderens, Sønnens og Den Hellige Ånds navn. Det er Kristusdåpen. Som et symbol bærer vi derfor hvit dåpskjole. Hvit er renhetens farge. Vi kler oss i hvite klær fordi vi døpes i Kristus.

Da Jesus ble døpt lød Guds stemme fra oven med ordene: *«Dette er min Sønn, han som jeg elsker, han som jeg har glede i.»*

Guds røst lyder over oss i dag, i Svalbard Kirke og i kristne kirker i sør. Vi blir Guds barn og får sitte ved samme bord som Faderen selv. Dere er barna mine, dere som jeg elsker, dere jeg er glad i!

Vi ser ikke alt. Det er ikke alt vi forstår og vet, men vi aner en dimensjon større enn alt vi ser. Vi er frø som spirer og vokser opp av den kalde frosne jorden, frø som blir til grønne planter fulle av liv. Vi er levende mennesker, født og døpt til å leve livet i fellesskap med hverandre og med Gud. Det er grunn til å glede seg i denne julens ettertid. Det er grunn til å se fremover til lyset skal lyse opp hver krok av det vakre landet vi bor i.

Ord som vindpust

Morgenandakt i NRK.

Nåde være med dere og fred fra Gud, vår Far, og Herren Jesus Kristus!

Med denne fredshilsen begynner vi våre gudstjenester. Hilsenen er hentet fra Det nye testamente og har lang tradisjon som et liturgisk ledd i den kristne kirke. Ordet *nåde* er dermed det første ordet som møter oss i kirka søndag morgen.

Kirkens språk forklarer, men gir også rom for undring. Vi trenger ord som har i seg et mysterium, ord hvor vi aner dybder uten at vi ser og forstår alt. Vi trenger ord som er tidløse. Det handler om Gud i møte med oss mennesker, himmel i møte med jord.

Nåde er et slikt ord som inneholder noe mer. Det har noe guddommelig i seg. Ordet treffer oss, eller det flyr forbi som et vindpust uten at vi aner hvor det kom fra og hvor det ble av. Vinden kan vi ikke se, men hiver vi snø opp i luften vil vi se hvordan snøen virvler av sted. Slik også med nåden. Vi kan føle noe av kraften uten å se.

Nåde er at Gud ser oss og griper inn i våre liv. Han retter ut en hånd. Hans høyeste ønske er at vi skal gripe den utstrakte hånda slik at han får løftet oss på trygg grunn. Gud ser oss og vil gripe inn i våre liv. Han ser alt vi har gjort galt og alt vi har unnlatt å gjøre riktig. Han ser og benåder oss. Det er nåde.

Vi trenger noen ganger å ta en skikkelig rengjøring i våre hus. Slik også i våre liv. Det er slik syndstilgivelsen fungerer. Vi bekjenner alene eller i fellesskap, og Gud bærer bort våre tunge byrder og lar oss gå videre som frie mennesker.

Alf Prøysen er en av de norske forfattere som på en forståelig måte har klart å si noe om hva nåde egentlig er, i visen «Du ska få en dag i mårå som rein og ubrukt står, med blanke ark og farjestifter tel …»

Vi får begynne på nytt og på nytt. Gud er raus. Vi er Guds barn. Vi kan løfte blikket og se fremover mot en ny dag.

Tussmørke

Betraktninger i en gudstjeneste 3. februar 2008.

Tussmørketiden er i begynnelsen av februar. Denne perioden kan også kalles blålysperioden. Det er tiden mellom mørke og lys, ukene da lyset kommer frem etter den lange natten.

Polarnatten slutter i Longyearbyen den 29. januar. Da begynner vi igjen å få dagslys på Svalbard ved at tussmørket er midt på dagen. Endringene skjer fort. Det er som om en lysbryter plutselig blir skrudd på. Gud har i noen måneder spart på strømmen ved å la mørket hvile over fjell og is. Natur og mennesker har fått en hvileperiode. Vi har noe å lære av isbjørnbinna som graver hi til seg og sine unger før de våkner til liv igjen når lyset kommer tilbake.

Tussmørke er perioden da solen er fra seks grader under horisonten til den krysser streken ute i havet. Da får vi blåfargen som vi er så glad i og som vi er så stolt av. Det polare lyset spiller seg inn i våre hjerter. Den polare blåfargen, tiden da både himmel og fjell farges i blått og fjelltoppene er tegnet som en strek mot bakgrunnen.

Gud sitter på det blå loftet og leker seg med fargespill som vi ikke tror før vi har opplevd det. Det må være kjekt for maleren, at menneskene som lever på denne underlige plassen langt mot nord, er så stolt over bildet hans. Kunstneren må glede seg når kunstelskere, naturelskere fra hele verden hyller kunstverket.

Tussmørkeperioden varer frem til 16. februar. På disse få ukene har det blitt hele 8 timer lys hver dag. Forandringene fra middagsmørke til midnattssol går raskt. 16. februar krysser solen horisonten for første gang. Da er det en opplevelse å befinne seg ute på ved havkanten på Kapp Linné eller på en av fjelltoppene. Er en heldig og har klart vær, vil vi få det første glimt av sol. Da sprudler blodet i årene som boblene i en nyåpnet champagneflaske.

Hvis vi tar med tussmørkeperioden, har Polarnatten vart fra 26. oktober til 16. februar. Det er en periode på hele tre og en halv måned. Er det rart at vi gleder oss med lyset som kommer tilbake?

Likevel, det er mer lys på Svalbard gjennom året, enn det er i sør ved ekvator. Vi har tusen timer mer lys i året enn i Mekka. Det gir grunn til ettertanke. Kanskje burde vi la alle jordens religioner valfarte nettopp til Svalbard for å se lyset, for å se spor av Skaperen, spor av Gud.

Selv på det mørkeste, midt i polarnatten, er det lys. Den som vil se lyset, ser det. Den som vil se Gud, kan se spor av hans henders gjerninger. Den som vil se Skaperen, vil kunne se streken og fargene i kunstverket. Det er bare å se ut av vinduet.

Vi er i en overgangsfase, fra en tid til en annen, fra jul til påske. En mellomtid. Vi setter kursen mot fasten hvor vi skal forberede oss til påske. Vi skimter noe der fremme. Et landskap titter frem. Fremdeles ser vi ikke alt, men konturene av fjell og liv kommer frem. Konturene av en mening i det hele, en skaper av skaperverket, en skaper av liv.

Det er vår i lufta i sør. De første snøklokkene og krokusene har allerede tittet frem av jorda i Stavanger. Det er noen måneder til blomstene titter frem i Longyearbyen, men vi har lyset. Vi har det polare lyset. Lyset kommer tilbake. Forventningene ligger i lufta. Vi skimter kunstnerens pensel. Vi skimter Guds finger. Vi får et glimt av meningen med det hele. Livet!

Kvinnen ved brønnen

Denne prekenen ble holdt i Svalbard Kirke den 22. januar 2012. Teksten var fra Joh 4,4–26 og omhandler Jesus i møte med en kvinne ved brønnen. I slutten av januar befinner Svalbard seg fremdeles i mørke, men det er blitt en grålysning midt på dagen og det vakre blå lyset er i ferd med å male de majestetiske fjellene i en marinblå farge.

Jesus stoppet ved en brønn og begynte å snakke med en ukjent kvinne. Det var uhørt at han gjorde det. Kvinnen var en samaritansk kvinne. Det var enda verre. Det var en skandale at han som jødisk mann stoppet og snakket med en samaritansk kvinne.

Jesus bryter dermed fastlåste regler og bundne tradisjoner. Han bryter sosiale murer som er mellom oss mennesker. Han våger, selv om han vet at det vil skape reaksjoner. Han lar seg ikke lede av hva folk vil kritisere han for. Han bryr seg ikke om hva andre tenker og sier bak hans rygg. Jesus bryr seg om det viktige, nemlig kvinnen. Slik stopper han også opp hos oss i Longyearbyen. Han bryr seg om hvordan vi har det. Han bryr seg om våre liv.

Det er noen graders forskjell fra varme Midtøsten til kalde Svalbard. Mens vi gleder oss over det blå lyset som er i ferd med å titte frem på himmelen bak breen i sør, svettet Jesus på sin vandring.

Jesus var tørst og han var sliten.

Vi kan også være slitne etter en dags reise. Vi kan være slitne etter en strevsom dag på jobben eller på skolen. Vi kan være slitne etter en lang vinter med mørke hvor søvnen i perioder kan utebli.

Vi kjenner igjen tørsten. Selv uten sol og varme opplever vi noe av den samme tørsten. Vi kan oppleve å bli dehydrerte. Det er lett å drikke for lite vann. Det tørre klimaet på Svalbard kan sammenlignes med varmen i sør. Når jeg er på reise i land rundt Middelhavet, har jeg alltid med meg en vannflaske. Slik er det også på Svalbard. Arktisk ørken med lite nedbør gir et tørt klima. Da er det viktig å få i seg nok vann. Vi trenger vann til drikke og vi trenger vann til å vaske kroppen. Blomstene på alteret trenger vann. Jorden trenger vann.

Det som for oss er en selvfølge, er ikke selvfølgelig mange andre steder. Vann var et av våre hovedprosjekt da jeg jobbet for Kirkens Nødhjelp i Kosovo. Vi arbeidet med vann og sanitær. Vi fant vann i kilder i fjellene, bygde vannreservoar og ledet vannet i rør ned til landsbyene. Vann var en viktig satsing for å bygge samfunn og skape fred.

Kirkens Nødhjelp hadde også et brønnrensingsprogram etter krigen i 1999. Det å ødelegge brønner ble en del av serbernes krigsstrategi. Søppel, hundekadaver og døde mennesker ble kastet i brønnene. Der vi fant døde mennesker ble disse hentet opp. Brønnen ble plombert og låst for alltid. Dermed ble brønnen et symbol på krig og ondskap, men også et minnesmerke i respekt for den døde.

Vann er jordens viktigste ressurs. Vann gir liv. Dermed vil vann kunne bli misbrukt i konflikter.

Det er nok vann i verden. Selv i tørre deler av jorden er det nok vann. Hvis oljeselskap som Statoil hadde brukt sin ekspertise til å lete etter vann i Afrika og ikke bare etter olje og gass, hadde de kunnet finne store vannreservoar under bakken. Det finnes underjordiske elver og innsjøer. Hvorfor bare lete etter olje? Hvorfor bare tenke på å tjene mest mulig penger på å ta ut ressurser fra et land, når liv kan reddes ved å finne vann?

Jesus satte seg ved en brønn i Samaria. Han var trøtt og sliten etter en varm dag på vandring. Han var svett, støvete og skitten.

Tidlig om morgenen før solstrålene begynte å varme opp landskapet, gikk kvinnene sammen ned til brønnen. Å hente opp vann og bære det hjem var tungt arbeid. Det var best å gjøre det tidlig på dagen før heten gjorde arbeidet enda tyngre. Brønnen var også et samlingsted, et sosial treffsted. Hver morgen møttes kvinnene og delte siste nytt.

En kvinne var ute av takt. Hun kom senere enn de andre og hun kom alene. Hun ønsket ikke å treffe noen ved brønnen. Hun visste at hun ville bli frosset ut av gjengen. Derfor fant hun en måte å unngå hviskingen på og blikkene bak ryggen. I den sjette time, da det var varmest på dagen, gikk hun alene til brønnen. Da var alle de andre kvinnene ved husene for å finne skygge for solen. Hun var ikke velkommen i fellesskapet. Det var lettere å melde seg selv ut, enn å bli mobbet ut.

Det er vanskelig å skjønne at noen trenger ly fra solen når vi har en helt annen virkelighet her vi bor. Her møter snøen og kuldegradene oss og mørket ligger over byen. Solen er under horisonten. Den trenger enda noen uker før den atter sender lys over Svalbard. Varme solstråler må vi nok vente enda lenger på. Likevel kan vi kjenne oss igjen i teksten og føle sympati med den ensomme og utstøtte kvinnen.

Vi har noen møtesteder i Longyearbyen. Vi har kaféer som på de rette tidspunktene er fulle av folk. Hvem er det som går på kafé midt på dagen når de vet at de treffer folk og hvem går der ikke? Hvem går i butikken når det er mest folk for å kunne slå av en prat og hvem går når butikken nesten er tom for å unngå å snakke med noen? Hvem ønsker ikke å bli sett når de går inn i Svalbard Kirke? Hvem lister seg inn for å tenne et lys når ingen andre er der?

Vi kjenner oss igjen i den tørste Jesus. Vi blir også tørste. Vi trenger vann hver dag for å leve, slik alt liv trenger vann. Og vi trenger fellesskap.

Jesus var tørst, men han var ikke den eneste. Også kvinnen var tørst. Hun var tørst på menneskelig varme. Hun var tørst på tilgivelse og muligheten til å leve videre uten at andre dømte henne. Hun var tørst på hvile og det å leve i et fellesskap som inkluderte henne.

Kvinnen bar på en hemmelighet. Hun hadde en historie, et langt liv som hun bar på, slik vi alle har våre historier på godt og på vondt. Vi bærer våre liv både i det åpne rom og i det private.

Det er lett å bære det vi har lykkes i, men det kan være tøft å bære sine nederlag. Vi har historier som tåler lys og vi har historier som vi trives best med i det skjulte. Vi har det som vi har lett for å snakke om og det som er vanskelig å snakke om.

Jesus stoppet opp hos kvinnen og begynte å snakke. I løpet av en kort samtale kom den mørke hemmeligheten frem i dagen. Dører inn til stengte rom ble åpnet. Lys og frisk luft ble sluppet inn.

Det gjør noe med oss når vi åpner opp og begynner å snakke. Luften endres. Spindelvev og hybelkaniner blir kostet ut. Vinduene til innestengte rom blir åpnet. Vi puster frisk luft. Jesus viser oss at det hjelper å sette ord på det som rører seg inne i oss. Noen ganger trenger vi hjelp for å gjøre nettopp det.

Kvinnen ble avslørt. Jesus visste alt om henne. Likevel var hun elsket av Gud. Det er hemmeligheten som Jesus prøver å fortelle oss.

Vi er elsket av Gud – ikke på grunn av, men på tross av. Vi er elsket slik vi er. Selv om Gud vet alt om oss, er vi elsket. Han avviser oss ikke, men ønsker å sette seg ned sammen med oss. Han ønsker å bli invitert inn og være med på rengjøringen i våre hus. Det kalles nåde.

I Svalbard Kirke er det en brønn med levende vann. Den står ved siden av alteret. Barn og ungdom døpes med levende vann fra denne brønnen. Vi døpes fra en kilde som gir evig liv.

Den som drikker av det vannet jeg vil gi, skal aldri mer tørste. For det vann som jeg vil gi, blir i ham en kilde med vann som veller fram og gir evig liv.
JOH 4

Hvem er han, egentlig?

Denne prekenen ble holdt 15. februar 2009, på Kristi forklarelsesdag. Teksten var hentet fra Matt 17,1–9.

Kjenner vi hverandre? Hvor mange kjenner du i det rommet du er? Er det noen du ser som du aldri har sett før? Hva vet du egentlig om dem du ser?

Når jeg står på prekestolen i Svalbard Kirke og ser på folket, kan jeg si at jeg har sett mange tidligere, men det er også besøkende og nye tilflyttere som jeg ikke har sett før. Noen kjenner jeg godt og noen kjenner jeg ikke fullt så godt.

Hva vil det si å kjenne hverandre?

For noen år siden begynte jeg i en ny jobb. På en sosial kveld var det en som satte seg ned ved mitt bord og spurte: «Hvem er du – egentlig?» Jeg begynte å fortelle om meg selv, men etter to minutter reiste han seg og gikk til neste bord. Han var ikke interessert i å bli kjent med meg. Spørsmålet var egentlig et godt diakonalt spørsmål, men det krever mer av den som spør enn det han ville bruke tid på.

Det tar tid å bli kjent med hverandre. For å bli kjent må vi sitte ned sammen og dele tid og historier. Et første møte er kun en smakebit. Skal en virkelig finne ut hvem den andre personen er, må det mer til. Da må en investere i et vennskap der en gjør ting sammen og våger å besøke hverandres personlige rom.

Hver søndag har et spesielt navn. Denne søndagen heter Kristi forklarelsesdag. Det vil si at Jesus viser noe av seg selv. Han forklarer hvem han er. Han vil at vi skal bli kjent med ham. Jesus vil bruke tid sammen med oss, både for å si hvem han egentlig er og samtidig bli kjent med oss.

I teksten fra Matteusevangeliet leser vi at utseendet til Jesus ble forvandlet. Ansiktet skinte som solen og klærne ble hvite som lyset. Det må ha vært spesielt for disiplene som fikk oppleve at deres gode venn forandret utseende rett foran øynene deres. Det må både ha vært en stor opplevelse og samtidig skremmende.

Jesus var menneske. På samme tid var han Gud. Det prøver Jesus å fortelle oss. Det er ikke så lett å forstå. Det er noe vi kan tro og håpe på, men det er ikke lett å forklare noe vi ikke kan ta på og ikke ser.

For noen år siden fikk vi to praksisstudenter til Svalbard Kirke i begynnelsen av januar. De landet midt i den mørkeste tiden av året. Etter 14 dager begynte det å lysne. Da så de plutselig Hiorthfjellet på andre siden av fjorden. Det hadde de ikke sett i mørket. Da lyset skinte opp ble det mektige og vakre fjellet synlig. Selv om fjellet var skjult i mørket, lå det hele tiden på den andre siden av Adventfjorden. Det hadde ikke flyttet seg en tomme.

Selv om vi ikke ser Gud, er Gud der. Selv om det er mørkt og vi kan føle oss alene, er Gud sammen med oss. Gud drar ikke vekk fra oss selv om det blåser opp, skyene ligger lavt og mørket hindrer oss i å se.

Vi gleder oss når lyset kommer tilbake og vi igjen kan se landskapet rundt oss. Da oppdager vi igjen det mektige Hiorthfjellet, men selv da vi ikke så noe, var Gud midt iblant oss hele tiden. Selv når vi ikke ser og forstår alt, er Gud tilstede. Gud er med i den lange natten og når solen igjen lyser på oss hele døgnet.

Gud har et ønske om å sitte ned sammen med oss. Han inviterer oss til bords. Både de som ser klart og tydelig og de som ikke ser, er velkommen til nattverd. Selv om det er mørkt og kaldt og stormen røsker tak i oss, er vi velkomne. Både de som opplever at det er lave skyer og de som opplever klar himmel, er velkomne. Brød og vin deles ut til alle som tar imot. Gud er raus og har tid til å møte oss.

I nattverden er Jesus synlig blant oss, gjennom brødet og vinen. Vi kan både se og smake. Likevel er det ikke lett å forklare. Vi berører et mysterium. Noe er mer enn det vi ser. Noe er mer enn det våre fem sanser klarer å registrere.

Hvem er du, Jesus? Våger vi å stille dette spørsmålet?
Våger vi å se det vi ikke ser?

Ofte møter jeg mennesker som tar avstand. De er redde for å se. Det kunne jo hende at de ville se noe som gjorde at de selv ble forandret.

Det er en viss risiko for at vi vil finne det vi søker. Våger vi å sette oss ned ved Jesu bord, vil vi risikere å bli kjent med den levende Guds Sønn. Et møte med Sønnen vil skape noe i oss. Det vi ser vil prege oss. Det er ikke farlig, men du risikerer at det gjør noe med deg.

Liv i det grå

Morgenandakt i NRK.

Første gang jeg kom til Svalbard var i august 2006. Det var som å lande på månen. Svalbard er annerledes. Det var ikke naturen slik jeg var vant til. Svalbard var malt i grått. Der finnes ikke trær eller busker. Uten de store vekster var det et goldt landskap som ønsket meg velkommen til øyriket der jeg skulle begynne en ny epoke som prest.

I noen dager følte jeg at jeg var delt i to. Noe stemte ikke. Jeg levde utenpå meg selv. Kontrasten var stor til det jeg var vant til. Jeg svevde uten helt klare å lande. Likevel tok det ikke mange dagene før jeg begynte å se.

Presten har allerede kommet med en hvit løgn, for det finnes trær på Svalbard, men de er bare noen få centimeter høye. Hvis en kutter i stammen og ser i mikroskopet, er det mulig å telle årringene. Jeg har enda ikke sett et slikt tre, men forskerne har. De forteller at det finnes trær på Svalbard. Da gjør det vel det.

Hva med gråfargen? Jeg har alltid tenkt at grått er kjedelig og trist, men det viser seg at den er full av liv. Svalbard har lært meg at grått ikke er kjedelig. Grått er ikke trist, slik hverdagen ikke er trist. Er dagen grå og trist, er det likevel noe vakkert i de grå skyene som ligger lavt over fjord og fjell. Det kan være utrolig mektig å gå ut og oppleve skikkelig gråvær og skodde. Det grå er ikke ensformig og likt. Grått har både det hvite og det svarte i seg og et spenn av farger og nyanser. Det er liv i det grå.

Se på gråmåken, selve kongen i luften her oppe i nord der den seiler majestetisk på vindene. *Havhesten*, eller «Fiskernes venn» som den også blir kalt siden den følger fiskebåtene i dagevis ute på sjøen, er et syn å se når den sneier bølgetoppene i vinden. Jeg ser og klarer ikke slutte å la meg fascinere av det jeg ser.

Naturen på Svalbard er magnetisk. Har en først satt sine bein på øygruppen, er det stor sannsynlighet for at en finner veien tilbake etter å ha forlatt øya. Det kalles for «Svalbardbasillen».

Fjellene, havet og det polare lyset – en himmel som spiller en melodi i rødt, rosa og kraftige blåfarger. Og nordlyset – som om Guds engler leker på himmelen. Naturens eget fargeteppe. Det gjør noe med alle som besøker det polare nord.

Svalbard har en storhet og mektighet med sin nakenhet og sin sårbarhet. Den viser seg for oss mennesker i all sin prakt. Uten blygsel. Som en brud kler seg naken for sin elskede. Naturen er sårbar, slik livet er sårbart.

Her kan vi mennesker lære å trø varsomt. Vi puster med respekt og kjærlighet. En vandring i yr glede. Alle blomster er fredet. Vi ser hvor vi setter foten ned for ikke å lage unødvendige spor. Dette er kunstnerens mesterverk. Det skal vi ta vare på også for våre barn og de kommende slekter.

Det slår meg når jeg er ute i den mektige naturen på Svalbard at da Gud skapte, visste han hva han gjorde. Ingenting er tilfeldig. Også i dag skjer skapelsen. Vi er i fortsettelsen. Liv blir til. Liv skapes. Fugler og blomster, fisk i havet og dyr på marken. Og barn fødes. Vi gleder oss over livet.

Naturen synger i lyder og farger slik det står skrevet i Salmenes bok:

> *La hyllingsrop lyde for Herren.*
> *Havet og alt som er idet, skal bruse, jorden og de som bor på den.*
> *Elvene skal klappe i hendene, og fjellene skal juble i kor.*
> *De skal juble for Herren, for han kommer.*

Han som var, er og blir, en sann Gud fra evighet og til evighet.

Isen smelter

Morgenandakt i NRK.

Faresignalene er klare. Forskerne forteller oss at noe skjer i naturen rundt oss. Sjøisen i Polhavet smelter. Breene på Svalbard trekker seg tilbake. Temperaturen i havet stiger. Arktis er et barometer for klimaet på hele kloden. Det som skjer i nord, har konsekvenser for livet både i nord og i sør.

Fokuset på klima er viktig. Det er avgjørende at vi får til internasjonale avtaler som kan redusere utslipp og hindre større ødeleggelser. Det handler om livet i havet, i luften og på land – fra den minste mikroorganisme til isbjørnen. I tillegg til livet i naturen, er også mennesker som lever på utsatte øyer og steder, sårbare for endringer i temperaturen. Mer ekstremvær, oversvømmelser og tørke gjør at avlinger svikter.

De fattigste blant oss er mest sårbare for endringene som finner sted. Urbefolkninger kan ikke drive sin fangst som før. Endringene utfordrer oss som enkeltpersoner og som fellesskap.

Under forbønnen i Svalbard Kirke i november 2009 ringte vi i kirkeklokkene tolv ganger for å sette fokus på klimaendringene i Arktis. Det var et symbol på at vi er i tolvte time. Klokkene ringte for å varsle fare, men gav også signal om håp. Det er ikke for sent å gjøre noe.

Vi vet om farene og vi vet noen av svarene. Det er opp til politikerne å vise at de kan. Vi er i en tid hvor vi får svaret på om vi har ledere som våger å ta avgjørelser, selv om det koster. Vi må handle – før det er for sent!

Hvorfor skal vi som kirke bry oss om klimaendringene? Svaret er at vi har et ansvar! Vi er kirke der hvor isen smelter! Det handler om det sårbare livet både i nord og i sør. Vi har et kall fra Gud til å bry oss. Et kall til å handle. Der livet er truet har vi som kirke et ansvar.

Vi lever i håpets time. Håpet om det evige. Vi skal gå fra liv til liv. Og vi lever i handlingens time. Livet er en gave og en oppgave.

Selv om faresignalene er store, er det håp om endring. Vi kan gjøre noe med våre liv. Vi kan redde den jord vi lever på. Vi kan handle og vi kan be.

I Svalbard Kirke ber vi i vår forbønn:

Gud vår Far, vi takker deg for at du skapte jorden.
Du har gitt jorden varme strøk og kalde strøk
og du skapte oss mennesker i ditt bilde.
Vi takker deg for livet og jorden vi har fått å leve på.

Vi ber i dag spesielt for kappløpet om nordområdene.
Du ser menneskenes jakt på olje, gass, kull og andre ressurser.
Lær oss å dele verdens ressurser og ta vare på naturen rundt oss.
Lær oss å benytte oss av energikilder uten å ødelegge for våre barn.

Håpets Gud, du som alltid stiller deg på den svakes side,
lær oss å se vår neste.
Gi oss mot og kraft til å handle til beste for alle mennesker.

Urbefolkninger

Preken holdt i Svalbard Kirke på Samefolkets dag, 6. februar 2011. Salme 8 i Det gamle testamente ble brukt som prekentekst. Først i 1993 begynte samene å feire sin nasjonaldag. I dag feires 6. februar av alle samer, samme hvilken stat de bor i.

6. februar er Samefolkets dag. Det gjør denne dagen til en av våre nasjonaldager. Det er vår egen urbefolkning som feirer sin dag. Det betyr at det også er vår dag. Samefolkets dag er en dag vi markerer med solidaritet og omtanke. Denne dagen henger både det norske og det samiske flagget fremme i verdens nordligste kirke. Vi hører sammen som folk.

Samene har bosetninger i Norge, Sverige, Finland og Russland. Deres landområder strekker seg fra Kolahalvøya i nordøst til Sør-Norge og Sør-Sverige. Dette området kalles Sápmi eller Saemie som vi kjenner igjen fra sangen «Sámiid Ædnan».

Samefolkets dag er en viktig dag for vår nasjon. Det er også en viktig dag for oss som kirke. Vi ønsker å være med å løfte det samiske særpreg og det samiske folk. Vi vil løfte fram og be for urbefolkninger både i vårt eget land og i våre naboland.

Betegnelsen *urbefolkning* er det uttrykket som oftest benyttes på «opprinnelige befolkninger». For ikke mange år siden var det mer vanlig med uttrykk som «innfødte», «primitive» og «naturfolk». Disse uttrykkene har et mer negativt ladet fortegn. De har en klart diskriminerende klang i seg. Vi er glad for at det er andre uttrykk som i dag følger disse etniske gruppene. Vi trenger å være bevisst slik at vi ikke er med og sprer fordommer og et negativt menneskesyn.

Også i dag blir urbefolkninger utsatt for overtramp, diskriminering og forfølgelse. Det utfordrer oss som fellesskap. Som kirke og som kristne har vi et ansvar for å fokusere på små grupper som utsettes for ulike overgrep. Vi har et ansvar i å fokusere på hvert enkelt menneske som verdifullt og unikt. Det handler om å være bevisst hvilket menneskesyn vi har og hvilket menneskesyn vi uttrykker gjennom våre ord og våre gjerninger.

Verdens urbefolkninger regnes å utgjøre rundt 250 millioner mennesker. På vår naboøy Grønland bor inuittene. I USA er det indianere. Videre er det beduiner, maorier, pygmeer, san-folket og mange flere.

Eiendomsrett, identitet, språk, religionsfrihet og retten til å velge sin egen livsstil med egne klær og egne boliger, har vært og er noen av de viktigste sakene for urbefolkninger verden over. Dette åpner for politiske lokale saker og behov for mer nasjonale og internasjonale avtaler. Samtidig utfordrer det også oss som enkeltpersoner i forhold til egne fordommer og toleranse.

Det finnes mellom 50 000 og 80 000 samer i verden. Den største gruppa er i Norge hvor det er rundt 40 000 samer. Som urbefolkning har også samene vært utsatt. Alle som er annerledes, alle som er en minoritet er utsatt for ulike former for mobbing og diskriminering.

Det samiske nærværet på Svalbard er lite og sporadisk. Det er ingen urbefolkning på Svalbard. Vi er alle innflyttere. Likevel er det viktig å vise sympati og solidaritet med en folkegruppe i vårt eget land og med minoriteter verden over. Det handler om å løfte blikket og bry seg. Longyearbyen ligger i en liten dal mellom to fjell. Vi bør likevel ha et engasjement som strekker seg utover og gir oss en videre horisont.

Levebrødet og urgamle skikker har tradisjonelt vært bundet til havet, jorda og dyrene. Ofte har det vært en hardt arbeid for å skaffe mat og ly for familien. I dag utfordres arbeidet med å skaffe mat på bordet av at temperaturen på kloden stiger. Vi gleder oss med kuldegradene på Svalbard de siste ukene, men tendensen er likevel klar. Som det stod i Svalbardposten i en overskrift denne uka: «Det er varmere enn da Jesus levde.»

Aldri tidligere har det vært så varmt i havet utenfor Svalbard som nå, i følge professor Morten Hald fra Universitetet i Tromsø. Hald påpeker at den mest sannsynlige forklaringen på temperaturøkningen er den store økningen av CO^2 i atmosfæren.

I november 2009, i forkant av klimatoppmøtet i København, sendte vi ut et opprop som fulgte kirkeklokkene fra Longyearbyen til København. Kirkeklokkene ringte tolv slag som et symbol på at det haster å gjøre noe og for å si at vi er i tolvte time.

Oppropet som fulgte klokkene begynte slik: «*Sjøisen i Polhavet smelter. Breene på Svalbard trekker seg tilbake. Temperaturen i havet stiger i takt med* CO^2*-konsentrasjonene i atmosfæren. Dette angår oss alle.*»

Videre i samme opprop stod det: «*I Arktis ser vi allerede at livsbetingelsene endres. Dyr og planter sliter. Urbefolkninger kan ikke drive sin fangst som før. Dermed forandres hele eksistensgrunnlaget.*»

Temperaturendringene er i dag en av de største truslene mot urbefolkningene. Matfatet er i ferd med å endres. Flom, tørke og mer ekstremvær gjør at livsgrunnlaget endres.

Som kirke skal vi ikke være dommedagsprofeter, men vi har et etisk ansvar. Vi kan ikke tie og la jordkloden seile sin egen sjø. Da svikter vi vårt etiske ansvar. Da svikter vi vårt ansvar i forhold til de som sliter som følge av klimaendringene. Da svikter vi i forhold til generasjoner som kommer etter oss.

Lite har skjedd politisk siden klimatoppmøtet i København. Det er ikke like populært å snakke om global oppvarming som det var i forkant av klimatoppmøtet. Politisk er det ikke lenger et like brennbart tema.

Politikere forsøker å velges igjen. Det fører til at de lar seg styre av folkets meninger. Som kirke har vi frihet fra valgperioder. Vi trenger ikke forsøke å bli gjenvalgt til Stortinget eller en regjering. Vi trenger ikke følge pengemakten eller majoriteten av hva folk vil. Vi har et etisk ansvar for å verne om alt liv. Det er Guds kall til oss. Det overgår populistiske svingninger.

Som innbyggere på Svalbard lever vi på toppen av kransekaka. Vi er privilegerte som nasjon og folk. Som verdens nordligste kirke, har vi et ekstra ansvar. Vi er kirke der isen smelter.

Hver søndag ber vi for klimaet som er i endring. Vi ber om mot og kraft til å handle. Vi ber om at våre politikere våger å gjøre riktige valg selv om de er upopulære.

Bønn og handling hører sammen. Vi ber og handler for jorden, for havet, for luften, for isen, for alt liv på denne kloden hvor vi bor. Vi roper fra Arktis med en bønn om å stå sammen for miljøet og fremtiden. Vi ønsker å støtte urbefolkninger og andre som er truet av klimaendringene. Vi ønsker å be og handle til det beste for kommende generasjoner. Det er vårt kall fra Gud.

Glimt av lys

Det er stor fest i Longyearbyen når sola kommer tilbake etter polarnatten – den lange natten. Noen minutter over klokka tolv den 8. mars, skinner sola igjen ned på den gamle sykehustrappa utenfor Svalbard Kirke. Det markeres med en ukes fest – «Solfestuka».

Selveste soldagen, 8. mars, falt på en søndag i 2009. Tema for gudstjenesten var «Glimt av lys». Prekenen nedenfor ble holdt under denne gudstjenesten. Etter gudstjenesten samlet folket seg ved den gamle sykehustrappa for å se sola titte frem over breen. Etterpå ble det servert varm toddy, kaffe og vafler i kirken.

Vi feirer sola på himmelen. For første gang siden oktober sender den sine stråler ned på vår rare lille landsby i nord. Vi feirer lyset. Vi feirer livet. Lyset og livet henger sammen. Det handler om det samme. Solfesten er en livets fest. Planter, dyr, fugler og vi mennesker er avhengig av lyset. Etter en lang og mørk vinter har vi grunn til å feire.

Selv i mørket er det lys. Månen og stjernene lyser ned på oss og nordlyset beveger seg som englevinger over himmelen. Snøen lyser opp og er med på å gjøre at vi kan skimte noen meter i mørket.

Runden er et begrep i Longyearbyen. Det å gå runden er «å gå tur forbi kirka, Huset, Nybyen, sentrum, Forskningsparken og kirkeklokka på Skjæringa». De fleste som går denne turen i mørketiden bruker refleks. Det er viktig å reflektere lyset fra bilene som passerer. Vi ønsker å bli sett.

Som mennesker reflekterer vi lyset. Det er det Jesus vil at vi skal gjøre. Han vil at vi skal være reflekser som gir glimt av lys i mørket. Han ønsker at vi skal speile himmelen både dag og natt, vinter og sommer.

Kjærligheten er en gave. Ansvaret og oppgaven som følger denne gaven er å gi videre. I sitt vesen er kjærligheten smittsom. Er den ikke smittsom, vil den stoppe opp og gå over til egoisme og sneverhet.

Vi kan reflektere omsorg og varme, vi kan bry oss og være med på å løfte hverandre. Det handler om å være raus. Det handler om å ha tid og gi tid til hverandre. Det handler om å se hverandre. Det handler om å speile himmelen.

I mørketiden har vi som regel mer ro og tid til det sosiale liv. Det er noe av det mest verdifulle med mørketiden. I mørket ser vi ofte mer av hverandre enn det vi gjør i den lyse tiden. Det er et paradoks at vi ser mer i mørket enn i lyset.

Idet vi går inn i lysets periode, skal vi være bevisst at noen blant oss fremdeles kan være i mørke. Denne perioden av året kan være tøff for enkelte. Når det er lys ute og mennesker smiler og ler, kan det bli en ekstra påkjenning for den som ikke har krefter og overskudd. Når lyset kommer tilbake blir alt synlig. Våre liv blir synlige og vi kan ikke lenger gjemme oss. Det kan være vanskelig ikke å være glad når alle andre er det. Hvis livet fremdeles føles svart er det vanskelig å oppleve og glede seg over lyset.

For de fleste i Longyearbyen er det en travel tid når lyset kommer tilbake. Det blir mindre tid til overs og mer flyktige møter mellom folk. Flere turister og besøkende kommer, folk er mer ute og nyter snøkledde fjell og daler. Det kan være lett å overse hverandre. Det er lett å se, men samtidig overse. Det er en utfordring for fellesskapet.

Blind er ikke den som ser, men den som ser og likevel er blind.

Vi utfordres til å se hverandre selv når refleksen ikke glimter i mørket. Det skal ikke mye til for å se. Et lite glimt av lys og det svarte er ikke lenger svart.

Livet kan fremdeles være tungt å leve, men det hjelper med et klapp på skulderen og noen ord som sier du er verdifull. Vi kan være med å tenne lys i mørket ved å bry oss og løfte hverandre opp.

Solfestuka er en del av fastetiden. Vi nærmer oss påske. Vi skimter lyset fra den tomme grav. Det forteller at livet er sterkere enn døden. Det er selve livets lys.

I ham var liv, og livet var menneskenes lys!
JOH 1,4

Polarnatten er lang. For mange av oss hjelper det å bruke en dagslyslampe en time hver dag. Det er som en vitamininnsprøyting til legeme og sjel i mørketiden.

Enda bedre er det når de første solstråler skinner på toppen av Hiorthfjellet. Det er en smak av Guds pensel der han leker seg med rosa farge på det hvite. Da kribler det i kroppen av livslyst og yrhet. Guds spill i naturen virker inn på oss mennesker.

Fastetiden er en kurs som er satt på GPS-en. Gjennom klarvær og snøføyka, gjennom mørketid og solskinnsdager er kursen satt mot 1. påskedag. Det handler også om lyset fra himmelen som ikke er skapt av mennesker, men det er skapt for oss mennesker.

Påsken handler om Jesu lidelseshistorie med en vandring mot kors, grav og oppstandelse. Fra mørke til lys. Som kristne lever vi i lyset. Vi er bærere av lyset. I stedet for å være mørkemenn som skrur av bryteren og stopper opp i langfredagsmørket, er vi lysets barn. I stedet for å fordømme livet, kan vi leve livet i all sin frodighet.

Gud fører oss mennesker fra mørke til lys. Lyset er sterkere enn mørket.
Lyset er selve livet.

17. mai

Et par timer før festgudstjenesten i Svalbard Kirke, heiste speiderne splittflagget. Ved siden av flaggstangen står minnesmerket for 22. juli. Det ble markert på en verdig måte. Etter gudstjenesten stilte toget opp utenfor kirka. Snødrev og vind fulgte voksne og barn gjennom byen. Det hindret ikke gleden, men var kun som sterkt krydder på maten. Flaggene vaier ekstra godt i kald og sterk vind.

På gudstjenesten var det besøk fra den russiske bosetningen Barentsburg. Både kirkens eget barnekor og russiske barn sang. Denne talen ble holdt i 2013. Sysselmannens tolk oversatte den til russisk.

Det er her vi bor. Lengst nord i Norskehavet. Verdens nordligste familiesamfunn er vårt hjem. Blant is og snø, fugler og noen dyr, sel og fisk, blomster – og mennesker i alle farger og nyanser. Mennesker i all sin prakt. Longyearbyen er et fellesskap vi prøver å drive så godt vi kan.

På vårt møterom bak i kirka, har vi noen klosser. Etter gudstjenester sitter barn og bygger. Kloss for kloss bygger de hus og tårn, veier, fly og helikoptre i alle varianter, sykehus, kirke, skole og rom med mye rart i. Lego, duplo og treklosser i ulike farger og ulike størrelser.

I dag feirer vi oss selv og vi feirer de som levde før oss – de som bygde vårt land. Vi feirer også at vi fremdeles bygger fellesskapet. Vi bygger våre barns fremtid. Vi bygger fellesskap kloss for kloss, bit for bit. Vi feirer de som har bygd. Vi feirer de som bygger. Vi feirer de som skal bringe arven videre. Vi feirer Norges gebursdag. Gratulerer med dagen!

Norge er et selvstendig land. Norges Grunnlov ble skrevet i 1814. Neste år er det 200-årsmarkering på denne dag. Det er bare å begynne planleggingen til en heidundrende fest. Vi har grunn til å feire.

Hva er bedre enn å feire den sammen med venner? I dag har vi en vennefest i Longyearbyen. Vi er sammen vi som bor her, vi er sammen med besøk fra fastlandet og vi er sammen med våre gode naboer fra Barentsburg.

Vi har fred i vårt land. Vi har fred med våre naboer. Norge bygges i fredens tegn. Vi bygger vårt land med byggeklosser som demokrati, likhet, respekt, frihet, solidaritet, toleranse, fred – men størst blant dem er kjærligheten!

Bygger vi vår grunnvoll og vårt samfunn på kjærlighet? Er det slik? Kan vi i vår moderne tid bygge et land på kjærlighet, eller er ordet kjærlighet foreldet, gammelt og slitt? Er det kraft i ordet, eller er det bare søt musikk som ikke har relevans når vi bygger våre fellesskap?

Vi trenger teknologi og økonomisk tenkning. Vi trenger skole- og samferdselspolitikk. Vi trenger fokus på nordområdene og forvaltning av naturressurser. Vi trenger forsvarspolitikk og sosialpolitikk. Vi trenger utenrikspolitikk og lokal politikk, men størst blant dem er kjærligheten!

Vi bygger vårt land på kristne og humanistiske verdier. Mennesket er i sentrum. Spesielt settes fokus på medmennesket. Verdien av hvert enkelt menneske løftes. Menneskets verdi og verdighet har førsteprioritet.

Vi står sammen i kampen mot onde krefter. Vi står sammen i kampen mot krefter som forsøker å rive ned. Vi tror, vi håper, men størst blant dem er kjærligheten!

Personlig tror jeg på to ting. Jeg tror på Gud og jeg tror på mennesket. Det er jord i hver dråpe av mitt blod, men også himmel!

Vi har en jobb å gjøre. Vi er ikke ferdig med å bygge vår nasjon. Vi er ikke ferdig med å bygge våre fellesskap her på Svalbard. Vår tro forplikter.

17. mai er en dag da vi ser tilbake, men vi ser også fremover. Vi bygger med kjærligheten som den viktigste byggekloss. Kjærlighet er ikke et foreldet uttrykk. Kjærlighet er fremdeles en levende kraft og verdi i vårt samfunn. Kjærlighet er selve limet i våre fellesskap og i våre liv. Kjærligheten skaper bevegelse og handling. Kjærligheten bygger opp i stedet for å rive ned.

Noe av det vakreste som er skrevet om kjærligheten finner vi i 1. Kor 13:

> *Kjærligheten er tålmodig,*
> *kjærligheten er velvillig*
> *den misunner ikke, den skryter ikke, er ikke hovmodig.*
> *Den gjør ikke noe usømmelig,*

den søker ikke sitt eget,
blir ikke oppbrakt og gjemmer ikke på det onde
den gleder seg ikke over urett,
men har sin glede i sannheten
Kjærligheten utholder alt, tror alt, håper alt, tåler alt
Kjærligheten faller aldri bort

Så blir de stående, disse tre: Tro, håp og kjærlighet.
Men størst blant dem er kjærligheten.

Forbønn 17. mai

Tre barn fra Polargospel deltok med å lese forbønnen. Et barn fra Barentsburg ba Fadervår på russisk som en avslutning på bønnen. Mellom bønnene ble sangen «Gud, pass på vår jord» sunget. Den er hentet fra musikalen «Å, så vakkert» av Hans Inge Fagervik.

Gud, pass på vår jord, hjemme her vi bor,
alt det som du skapte, alt som enda gror.
Gud, pass på vår jord. Gud, pass på vår jord.

Vi er sammen for Guds ansikt. La oss be for folket her på Svalbard og for menneskene ut over hele jorden.

Livets Gud, vi ber for våre russiske og ukrainske naboer i Barentsburg, forskerne i Hornsund, folket på Hopen, Bjørnøya, på fangststasjonene, i Ny-Ålesund, Longyearbyen og i Svea.

Noen har et farefullt arbeid i gruver, på sjøen, i luftfart og på land. La oss be om at vi alle må bli bevart fra ulykker og uhell.

Spesielt takker vi og ber for alle barn og ungdom i Longyearbyen og i Barentsburg.

Gud, pass på vår jord ...

Evige Gud, du er hellig og rettferdig og har skapt alt i kjærlighet. Vi takker deg for livet og for jorden vi har fått å leve på.

Livets Gud, hjelp oss å ta vare på ditt skaperverk i Arktis. Vi ber for isen som smelter og de mennesker ut over vår jord som i dag føler endringer i klimaet som en trussel mot sine liv.

Gud, pass på vår jord ...

Himmelske Far, bevar i nåde vårt folk. Velsign kong Harald og hans hus, vær med vår regjering og Stortinget. Vi ber for Sysselmannen og leder av lokalstyret. Gi visdom og kraft til alle i ansvarsfulle stillinger så deres gjerning kan lykkes, deg til ære og mennesker til velsignelse.

Takk Gud, for at vi lever i et land hvor det er fred. Vi ber om fred også der krig og konflikt råder. Spesielt ber vi for alle barn og unge som rammes av krig.

Vi ber for verdens fattige, for alle barn som ikke har mat, klær og hus å bo i. Lær oss å dele med hverandre slik at alle får det de trenger for å leve.

Gud, pass på vår jord ...

Håpets Gud, vi ber for alle mennesker som sliter. Vi ber for de som er syke og de som sliter med ensomhet. Vær nær dem som kjenner livet som en byrde og som har problemer med å møte morgendagen.

Gi oss å være bærere av håp i en verden med mye lidelse. Gi oss kraft og mot til å handle til beste for alle mennesker, både i vårt eget nærmiljø på Svalbard og ute i verden.

Fader vår, du som er i himmelen!
La ditt navn holdes hellig.
La ditt rike komme.
La din vilje skje på jorden som i himmelen.
Gi oss i dag vårt daglige brød.
Forlat oss vår skyld, som vi òg forlater våre skyldnere.
Led oss ikke inn i fristelse,
men frels oss fra det onde.
For riket er ditt og makten og æren i evighet.
Amen

Det er vår i luften

Denne prekenen ble holdt 1. pinsedag 2013. Teksten var Joh 14,23–29.

Det er vår. Enda er det noen kuldegrader som leker med oss. Det liker vi. Vi er glade for alle kuldegrader vi får. Verden er avhengig av et kaldt Arktis.

Verden er avhengig av snø og is i nord. Snøføyka i mai er en gave. For et par dager siden koste vi oss da vi gikk i tog, mens snøen føyk vannrett gjennom lufta. Det er et godt vårtegn når det snør og blåser på 17. mai. Folk i Oslo og Tromsø kan glede seg over tjue varmegrader og sol. La oss håpe vi aldri får det her.

Vi hører lyden av vår når vi rusler ute. Alkekongen, eller «Tromsøværingen» som vi kaller den siden den snakker i ett sett, skaper liv i fjellsidene. Den vakre snøspurven er tilbake. Den må være en av verdens vakreste fugler. Det er vår!

Tar vi en kjøretur i Adventdalen, ser vi at snø og is er i ferd med å bli forandret til vann. Skutersesongen er over for de fleste av oss. Det hvite fjellet er på vei til å bli en stor grå, brun masse. Om noen uker titter de første blomstene opp fra kald jord. Livet var ikke borte. Det tok bare en liten pause.

Rødsildre, snøspurv, vannet som sildrer, snø som tiner – det er vår! Våren skaper forventning om noe nytt. Lufta blir ny.

I februar snakker vi om lyset som kommer tilbake. Det gjør noe med oss etter en lang mørketid. Like stort er det når fuglene kvitrer igjen og blomstene titter frem. Det gjør noe med oss.

Pinsen er også et vårtegn. Når kirkeklokkene ringer til pinsegudstjeneste, er det vår. Det er liv på jorda. Det er liv i himmelen.

Det skjer under hver vår når snøen tiner og livet titter frem i solen. Livet er jordens største under. Det skjer også under i oss mennesker i pinsen. Pinse er en feiring av livet. Pinse er livets fest. Livet vokser frem fra frossen jord. Livet kvitrer i oss som snøspurven.

Gud skapte. Gud skaper fremdeles. Livet har levd. Livet lever. Livet fødes på ny. Det er pinse!

Pinse er en livsfest der vi feirer at Gud fremdeles er. Han er midt i blant oss. Det er kontakt med mobiloperatøren. Det er full dekning over hele Svalbard. Selv om Telenor ikke klarer å ha mobildekning i alle daler og på alle fjell på dette øyriket, så klarer Gud det. Det er kontakt mellom himmel og jord. Det er pinse!

I forbindelse med nattverden leser jeg innstiftelsesordene: *«Vår Herre Jesus Kristus, i den natt da han ble forrådt ...»*

Innstiftelsesordene stammer fra skjærtorsdagskvelden. Jesus var sammen med disiplene i den stille uke. Jesus hadde kun få timer igjen å leve. Judas gikk ut i natten. Han sviktet. De elleve som var tilbake sammen med Jesus, fikk smake selve måltidet og høre noen ord. Jesus holdt en avskjedstale til sine nærmeste, ord som han sa for 2000 år siden og som han i dag sier til oss. Ord som sier noe om at påske og pinse hører sammen.

Vi trenger denne tiden av året. Vi trenger lyset og varmen. Det gjør oss godt når vi tiner opp etter en lang vinter. Vi trenger lyden av snøspurv og alkekonge. Vi trenger vann som sildrer. Vi trenger roen som kommer til oss når skuterne parkeres og vi igjen må bruke beina. Vi trenger rødsildre og saxifraga som snart titter frem mellom snøflakene. Undrenes tid er ikke forbi.

Vi trenger smilet vi gir hverandre. Det gjør noe med oss når vi får et smil og det gjør noe med oss når vi gir et smil. Gir du et smil, får du ofte et tilbake. Det å gi og det å få hører sammen.

Vi trenger å se støvet i våre hus, slik at vi kan ta en vårrengjøring. Når mørket forsvinner ser vi at det er på tide å sette på støvsugeren og finne fram kluten. Det er på tide å vaske vinduer slik at vi kan se ut og inn.

Vi trenger å se hverandre. Vi trenger å bry oss. Vi trenger tilgivelse, nåde, frihet, glede, fellesskap. Vi trenger kjærlighet.

Vi trenger Gud som var fra begynnelsen, Gud som er og Gud som alltid vil være.

Julen forstår vi. Det handler om et barn som ble født. Gud ble menneske. Påske forstår vi. Det handler om død og oppstandelse. Jesus døde og oppstod.

Pinse er ikke like lett å forstå. Pinse er ikke mindre konkret. Ånden er som luften vi puster inn. Den er der hele tiden, men vi ser den ikke. Ånden er som vinden. Vi kjenner den, den røsker tak i oss eller den er som en sval
 fønvind som klapper oss på kinnet, men vi ser den ikke. Vi hører vinden, vi føler den, den kan bevege oss, den kan skape store bølger eller bare små krusninger på hav og over bre.

Vi vet hva vind er, vi som bor på Svalbard. Det kan blåse slik at vi ikke ser noen ting. Alt blir hvitt. Det har vi respekt for. Vi kjenner styrken og kraften i vinden. Det er bare å ta en neve med snø og hive opp i luften, og vi ser at snøen fyker av sted i et virvlende kaos. Da både ser og kjenner vi vindens kraft.

Regn er det mindre av på Svalbard i det som kalles Arktisk ørken. Vi vet likevel hva regn er.

Vind og regn. Luft og snø. Ånd og kraft. Livet og elementene.

Jorden var øde og tom, og mørke lå over havdypet. Men Guds Ånd svevet over vannet. 1. MOS 1,2

I begynnelsen av Bibelen møter vi ånden for første gang. Det foreløpig siste møtet med Ånden har vi i Svalbard Kirke i dag.

Det er ikke alt vi vet. Det er ikke alt vi forstår. Det er ikke alt vi kan forklare. Den Hellige Ånd, det høres fjernt ut for mange.

Vi rører ved en selvmotsigelse. Noe virker fjernt, men er faktisk det motsatte. Ånden er ikke fjern. Ånden er Gud tilstede midt iblant oss! Ånden er det som gjør at Gud ikke er en gammel utrangert mann med skjegg som sitter langt borte og ser ned på oss. Gud er midt iblant oss! Gud er tilstede på Svalbard gjennom sin Ånd.

Vi ser ikke Gud, men Gud ser oss. Noen ganger røsker han tak i oss. Andre ganger gir han oss et klapp på kinnet.

Gud svever fremdeles over vannet, over isen, over snøkledde fjell og daler. Guds Ånd svever fremdeles over Longyearbyen. Gud er tilstede i våre liv ved sin Ånd. Det er som luften vi puster inn. Det er selve livspusten.

Den danske dikterpresten, Kaj Munk sa det slik i 1941:

> *Den Hellige Ånd er jo en del av Gud selv, som er her nede på jord. Ja, hva nytter det med forklaringer? I det øyeblikk vi nevner ordet ånd, er vi ut over hva ordene makter. Det er noen som mener; Det som ikke hører hjemme i språket, hører ikke hjemme noe sted. Det er ikke riktig! Verden er mer enn mennesket, og mennesket er mer enn sin tale. Av det som ligger over mennesket, kom det bud til mennesket pinsedag ...*

Trosbekjennelsen er en sentral del i våre gudstjenester. Vi reiser oss opp fra benkeradene. Det er i seg selv en handling som peker på at vi rører ved noe helt sentralt og viktig. Vi sier noen ord som er mer enn ord. Trosbekjennelsen peker på selve skaperen av livet og meningen med det hele.

Stående sier vi hva vi tror på, Gud, Sønnen og at Gud er tilstede midt i blant oss ved Den Hellige Ånd.

Det er vår bekjennelse. Det er det vi er samlet om. Det er evangeliet om den levende Gud, evangeliet om at Gud var, er og blir.

Skjærtorsdag holder Jesus en avskjedstale for de elleve disiplene som var tilbake. Han peker på veien videre.

Vi går ikke på en blindvei som stopper i Bjørndalen. Vi klatrer ikke opp på Gruve 7-fjellet for så å møte en bom som sier stopp. Vi møter ingen skilt som sier at det er innkjøring forbudt. Vi er på en vei som fører oss videre. Alltid videre. Vi er på den evige vei, en vei som ikke har slutt, en vei uten ende, en vei som alltid går videre. Vi lever videre. Det er et av livets mysterier. Det er vårens under.

La ikke hjertet bli grepet av angst og motløshet.
JOH 14,27

Vi går på en vei uten stopp, men vi går ikke alene. Gud, med sin ånd, går sammen med oss. Jesus er tilstede i våre liv.

Vi er døpt til Faderens, Sønnens og Den Hellige Ånds navn. Gud er tilstede ved Den Hellige Ånd. Det er evangeliet 1. pinsedag

Et åpent bord

Teksten denne første søndagen etter pinse 2010 var dåpsbefalingen, det som også kalles misjonsbefalingen. Matt 28,16–20

Vi er ferdig med pinsen 2010. Den er historie. Nå går vi inn i tiden etter pinse. Den kan vi kalle kirkens tid, eller menighetens tid.

Vi er Svalbard Kirke. Svalbard Kirke er kirke for hele Svalbard. Vårt kirkelige ansvar inkluderer alle bosetninger på Svalbard, fra Bjørnøya i sør til Ny-Ålesund og fangststasjoner i nord. Alle som oppholder seg på øyriket, fastboende og besøkende, er en del av Svalbard Kirke. Det er mandatet.

For å utføre vårt oppdrag, henter vi katolske prester fra Tromsø. Vi reiser sammen med dem i helikopter til den polske forskerstasjonen i Hornsund. Der feirer vi katolsk gudstjeneste ute ved korset på Wilczekodden. Det er en vakker og sterk opplevelse i all slags vær. Vinden, snøføyka, væpna vakter mot isbjørn, isen og bølgene som slår mot steinene omkranser det hele. Sammen med himmelen over, det er mye himmel på Svalbard, skaper det en ramme rundt selve bildet.

Vi har også katolske messer i Svalbard Kirke i Longyearbyen og vi henter russisk-ortodokse prester og frakter dem til Barentsburg. Det er selvfølgelig at vi gjør det. Det koster oss noen kroner i året i flybilletter, helikopterutgifter, kost og losji. Det kalles raushet. Det kalles også økumenikk.

Økumenikk kommer av det greske ordet *oikoumene* som betyr «den bebodde verden». Det er en morsom direkte oversettelse. Økumenikk handler om å øke forståelsen og samarbeidet mellom de ulike kristne kirker.

Kirken er mangfoldige, men kirken er en. Vi er ett med hverandre og med Kristus. Vi har ulike former og tradisjoner, vi har ulike svar på en del teologiske spørsmål, vi har ulike språk. Vi er en del av en verdensomspennende kristen kirke der vi har et fellesskap også med dem som er annerledes enn oss selv. Vi har et felleskap med dem som har andre meninger enn oss, selv om vi i likhet med alle andre tror at vi selv er den som har rett.

Hvilken kirke tror jeg på? Jeg tror på leken og alvoret. Jeg tror på gleden og sorgen. Jeg tror på håpet som oppstandelsen gir. Jeg tror ikke på teori, jeg tror på levende liv. Jeg tror på det ufullkomne menneske og den fullkomne Gud. Jeg tror på liv som skapes, liv som leves og blomster som vokser opp. Jeg tror på et mangfold av farger og dufter. Kirken er som en eng av markblomster, pyntet som en brud for sin brudgom.

Jeg tror på Gud og jeg tror på mennesket. Jeg tror på alteret som et møtested mellom Gud og mennesker, et møtested mellom det hellige og det folkelige.

Korset har to bjelker. Den ene er vertikal og strekker seg opp mot himmelen og ned til jord. Den andre er horisontal og strekker seg utover jord. Det er jord i hver dråpe av mitt blod, men også himmel. Det er korset evangelium. Det er våre liv som har to retninger. Det forplikter. Vi har et kall: *«Gå derfor ut ...»*

Dette huset heter ikke Longyearbyen kirke. Det er Svalbard Kirke. Dette huset heter ikke Svalbard menighet. Det er Svalbard Kirke.

Jeg har problemer med ordet menighet. Jeg liker ikke ordet slik vi bruker det. Vi har lett for å skille mellom de som er inne og de som står utenfor. Vi har lett for å ekskludere, istedenfor å inkludere.

Turister og besøkende spør ofte om hvor stor menigheten er. Mitt svar er at alle mennesker som bor og oppholder seg på Svalbard er en del av Svalbard Kirke. Det er mitt ansvarsområde som prest. Menigheten er alle døpte som bor og oppholder seg Svalbard.

På tirsdagskvelder har vi en kort kveldsmesse. Denne uka var vi åtte personer samlet. Forrige uke var vi syv. Det gir en økning på hele 11,4 prosent den siste uka. Det er en stor menighetsøkning, som om antallet på våre gudstjenester forteller oss hvem som er i menigheten og hvem som er utenfor. Heldigvis er det ikke slik det fungerer.

Våre gudstjenester er ikke avhengig av hvor mange som kommer. Selv om jeg skulle bli alene, vil jeg holde messe og be for barn, ungdom og voksne i Longyearbyen og på hele øyriket. Og jeg vil lyse velsignelsen over hele Svalbard. Guds velsignelse spres ut over Svalbard. Guds Ånd er tilstede. Svalbard Kirke er et kraftsenter og et møtested mellom Gud og mennesker både for de som er tilstede i kirka og de andre på øya.

Jeg vil tegne korsets tegn slik det ble tegnet på oss som barn i dåpen. I Faderens, Sønnens og Den Hellige Ånds navn tegner jeg korset med en vertikal og en horisontal linje. Det er et symbol på liv. Det er mer enn et symbol. Det forteller at Gud er tilstede her på Svalbard. Jesus har i dåpen gitt oss løfte om å være med oss i veien videre: «*Se, jeg er med dere alle dager inntil verdens ende.*»

Vi skal ikke slutte å bruke ordet menighet, men vi skal være forsiktig med hvordan vi bruker ordet. Vi skal være forsiktig med å bruke ord som setter skille mellom de utenfor og de innenfor.

Når vi bruker begrepet Svalbard menighet, skal vi tenke inkluderende og ikke ekskluderende. Vi skal være en raus kirke som inkluderer, tenner lys og handler i kampen for menneskers liv og verdighet.

Vi har et nattverdsbord som er dekket. Alle er invitert. Vi har et åpent bord. Gud er raus.

en skål

jeg tror ikke på en kirke med lås og slå
en kirke hvor vi mener
men ikke forstår
jeg tror på en kirke hvor dører ikke er
hvor alle kan gå inn
uten besvær
jeg tror på en Kristus som taler til enhver
slik som vi er

jeg tror ikke på menneskers tillagte kirker
for hvit eller svart
for kvinne eller mann
for katolikk eller protestant
jeg tror ikke på en kirke etter menneskers rang
jeg tror på en kirke etter Guds forstand

jeg tror ikke på en kirke av betong
av gammel eller ny form
jeg tror på en kirke med Guds Ånd

jeg tror ikke på en kirke hvor vi sitter ned
hører
men ikke gjør noe med
jeg tror på en kirke med og for fred

jeg tror på et bord
et måltid for alle som vil
selv om vi ikke får det til
jeg tror på en skål
hvor Jesu blod gir evig liv

Leif Magne Helgesen

Den rike

Denne talen ble holdt 2. søndag etter pinse 2010. Teksten for dagen var hentet fra Luk 12,13–21 og handler om den rike bonden.

Er alt det som står i Bibelen gammeldags? Er alt som er skrevet om Gud og Jesus gått ut på dato? Var det som ble fortalt om Jesu liv og ord ferskvare som ikke har noen relevans for oss i dag totusen år senere? Vi er jo moderne mennesker og barn av vår tid.

Vi lever i Norge, et land som er kåret til et av verdens rikeste land. Vi lever bokstavelig talt på toppen av kloden. I Longyearbyen spiser vi ikke bare jordbær med de rike, men vi er selve fløten over nyplukkede jordbær. Det er et godt og enkelt liv for de fleste av oss. Vi er rike privilegerte mennesker.

De fleste av oss klarer seg godt økonomisk. De fleste av oss tjener mer enn vi bruker. Gjør vi ikke det er det fordi vi har kjøpt så mange ting at vi har lagt lista for høyt. Er vi fanger i vår egen rikdom? Hva betyr noe, egentlig?

– *Ta dere i vare for all slags grådighet!*

Jesus er direkte i sin tale. Han er aktuell, kanskje mer enn det vi liker å høre. Jesus er irriterende treffsikker med sine ord. Vi blir utfordret til ettertanke og selvransakelse. Lyskasteren blir satt på våre egne liv.

Det er lett å se til siden og peke på naboen. Det er alltid noen som har mer. Det er alltid noen andre som ødsler mer i sin fremferd og setter ødeleggende spor over tundraen.

Pekefingeren er farlig. Når vi peker på andre kan det fort ligge en fordømmelse og sjalusi i det som ikke er av det gode. Pekefingeren kan vi vri 180 grader slik at vi konsentrerer oss om våre egne liv og hvordan vi ønsker å leve våre minutter vi har fått å leve. Hva betyr noe i mitt liv? Hvilke verdier ønsker jeg å bygge mitt liv på?

For noen år siden hadde Odd Børretzen en vise om måken som ble en slager. Vi kjente oss igjen i måken som sang «ska ha, ska ha, ska ha ...»

Er det en sang om måken eller om vår tid? Er det en sang om mitt liv og mine verdier? Er det slik jeg vil leve? Er tingene det viktigste i våre liv? Drives vi videre av jakten på mer?

Ole Paus sier det slik om vår generasjon: *«Vi har alt, men det er også alt vi har.»*

Paulus sier det slik: *«Kjærligheten til penger er roten til alt ondt.»*
1. TIM 6,10

Jesus sier det slik: *«Hvor din skatt er, der vil også ditt hjerte være.»*
LUK 12,34

Vi har valg. Vi kan velge hva som skal være viktigst i våre liv. Det er et av våre store privilegier.

Jeg er født i Afrika – made in Africa – på øya Madagaskar. Det er en øy med over 22 millioner mennesker. Det var noen millioner mindre da jeg ble født i 1960. Jordens befolkning øker. Det er en del av vår tid og dermed en av våre utfordringer.

Det var forskjellig utgangspunkt for meg og de barna som ble født på naborommet. Mine gassiske brødre og søstre hadde en fremtid som innebar at de, hvis de var heldige, ville få muligheten til å dyrke sin egen rismark og kanskje eie en ku eller to. Noen ville få mulighet til skole, men ikke alle. Det var ingen selvfølgelighet. Noen ville dø som barn. Barnedødeligheten var og er stor på den afrikanske øya.

Jeg var hvit og fra Norge. Langt mot nord fikk jeg noen tall skrevet i et folkeregister. Jeg fikk et rødt pass og et personnummer. Jeg ble født som lottomillionær!

Lottotallene i Norge, personnummeret, gjorde at jeg fikk gå på skole fra jeg var barn av og med muligheter for videre utdannelse. Jeg fikk tilgang til alle sosiale goder som gis til alle innbyggere av Norge, goder som vi i stor grad ser på som en selvfølge. Blir jeg syk, får jeg den hjelp jeg trenger. Jeg har mulighet for sosialtrygd og ledighetstrygd. Pensjonen er sikret. Det røde passet gjør at jeg nesten kan reise hvor jeg vil. Trygghet og velstand fulgte en tallrekke som automatisk ble lagret noen tusen kilometer fra der jeg ble født.

Barn som fødes i Norge har muligheter som ganske få andre barn rundt omkring i verden har. Vi lever på toppen av kloden, på toppen av kransekaka. Det skal vi være glad og takknemlig for, men det utfordrer oss samtidig.

– *Ta dere i vare for all slags grådighet!*

Vi vet at livet ikke bare trenger å være lett heller hos oss i nord. Vi kjenner til noen av de sosiale problemene og utfordringene som følger livet og det å leve i felles-skap. Det er nok av dem som sliter i hverdagen også i Norge og i Longyearbyen. Det er dyrt å leve, spesielt her på Svalbard. Noen sliter for å få økonomien til å gå rundt uten å havne på minussiden og opparbeide seg stor gjeld. Den personlige økonomien er ikke like lett for alle.

Den rike bonden, skal vi heller si den rike oljearbeideren, den rike gruvearbeideren, den rike presten ... Vi utfordres av den direkte tale. Jesus snakker til oss midt inn i vår virkelighet og våre liv.

Den rike bonden sikret seg ved å samle og verne om sin rikdom. Han økte sine lagre av oppsamlede midler som en forsikring for fremtiden. Likevel hadde han ingen livsforsikring. Han tenkte kortsiktig. Gud har et lengre perspektiv.

Jesus retter ingen pekefingers fordømmelse mot de som har mye. Det er ikke budskapet. Jesus fordømmer ikke oljearbeideren for hans rikdom, men han peker på at vi har et ansvar. Han peker på at våre penger og våre ting kun er rikdom for en periode. Det er en jordisk rikdom. Den varer ikke. Vi kan ikke ta den med oss på vår siste dag.

«Du kan ingen ting ta med deg dit du går», synger den svenske trubaduren Cornelis Vreeswijk i en gammel vise fra 60-tallet. Det er noe som er viktigere. Det er noe som er viktigere enn tingenes verdi, viktigere enn pengene som hoper seg opp.
Det er selve livet!

Jesus peker på hva som virkelig betyr noe. Det viktigste foreldre kan gi sine barn, er ikke nye leker. Det viktigste vi kan gi hverandre som gave, er ikke nye ting. Det viktigste du kan gi din kjære, er ikke gull og perler. Det viktigste du kan bygge, er ikke et nytt hus. Livet er mer verdifullt enn penger og ting.

Longyearbyen vil være et kaldt sted å bo hvis det bare handler om størrelsen på lønningsposen, størrelsen på bilen og hvilken skuter en har.

Vi trenger noe mer. Vi trenger å gi noe mer inn i det sårbare lille fellesskapet som vi lever i. Vi trenger vennskap og omsorg. Vi trenger evnen til å gi og dele med hverandre. Vi trenger evnen til å se hverandre og bry oss. Vi trenger evnen til å tilgi. Vi trenger hverandre.

Jesus peker videre. Uten å fordømme oss med en pekefinger, peker han videre på hva det egentlig handler om. Han snakker om det å være rik i Gud. Han peker på at vi trenger himmel over våre liv. Vi trenger Gud.

Vi har mye himmel på Svalbard. Noen ganger er det et fargespill over oss som overgår fantasien. Virkeligheten er sterkere enn det vi klarer å tenke oss til. Himmel i all sin prakt. Gud er tilstede som skaper av himmel, fjord og fjell rundt oss. Han er kunstmaleren som fremdeles leker med mørke og lys og spiller symfonier i farger over Hiorthfjellet. Han er skaperen som ønsker å være med i livet videre. Han har ikke forlatt sitt mesterverk og låst det inne på et kunstmuseum. Han vil følge med oss videre. Gud ønsker å være med oss inn i fremtiden. Han ser videre.

Som kristne er vi rike på Gud. Da har vi en skatt vi kan dele raust til alle, en livsforsikring som gjelder i dag og for all fremtid.

På den gamle kirkebakken

I årene 2007–2010 ble det feiret gudstjeneste ute på den gamle kirkebakken. Den første kirken lå der Formannshuset ligger i dag, hundre meter sør for Svalbard Kirke. Denne prekenen ble hold i juni 2010.

Den første prest til Svalbard, Thorleif Østenstad, ankom Longyear City 23. juni 1920. Første kirkelige handling var å holde jordfestelse og minnestund for de som omkom i en gruveulykke i januar samme år, da 26 mann omkom i en eksplosjon i Gruve 1. Flere av de omkomne ble sendt til fastlandet med første båt. Noen ble begravet på Longyearbyen kirkegård.

Allerede sommeren 1919, hadde Østenstad og professor Sverdrup fra Indremisjonen besøkt Longyearbyen. Sammen med direktøren i Store Norske hadde de sett seg ut en mulig kirketomt. Tegninger ble sendt til departementet for godkjenning i januar 1920. Den første båten våren 1921, hadde en viktig last med seg, nemlig materialer til kirka. I begynnelsen av juni samme år ble første spadestikk tatt. 50 dager senere stod «Vor Frelsers Kirke paa Spitsbergen» ferdig.

Søndag 28. august 1921 ble kirken vigslet. Dagen før, mellom klokka 18.30 og 19.30, kimte kirkeklokkene som en innledning til vigslingen.

Indremisjonen tok initiativet til å bygge kirke. Selve bygningen ble betalt og reist av Store Norske Spitsbergen Kullkompani. Frivillige gaver sørget for inventar. Det var ikke en statlig kirke, men en privat kirke. Vigslingen ble foretatt uten først å få biskopens og regjeringens godkjenning.

En viktig grunn for å omgå myndighetenes godkjennelse, var at Norge stod midt oppe i arbeidet med Svalbardtraktaten. Det gjorde det vanskelig med en offisiell opptreden fra Den norske kirke. Av samme grunn var det vanskelig for staten å tilsette en prest som embetsmann i Longyearbyen. Første offisielle sokneprest ble ikke ansatt før etter andre verdenskrig. I årene frem til krigen var det Store Norske Spitsbergen Kullkompani og Indremisjonen som dekket lønn og utgifter til prestens opphold.

Det oppholdt seg 177 menn og 44 kvinner og barn i Longyearbyen da den nye presten overvintret for første gang.

Vi er på vigslet grunn! Den gamle kirken lå der Formannshuset ligger i dag. Det betyr at vi har gudstjeneste på den gamle kirkebakken og dermed på hellig grunn.

28. august 1941 skulle det feires 20-årsjubileum for kirka. Det skulle vise seg å bli den siste gudstjenesten i Vår Frelsers kirke. Alle i Longyearbyen skulle evakueres til Skottland. Den siste uka før evakueringen hadde presten nok å gjøre med ti vigsler og forberedelse til jubileumsgudstjeneste. Presten sa i sin preken: *«Det ser mørkt ut i dag. Men det er oftest mørkest før morgenen gryr. La oss derfor ikke heise flagget på halv stang når vi farer, men til topps og på gjensyn, under friere lysere kår. Dag over Norge. Gud la dagen komme.»*

Sammen med det meste av Longyearbyen ble kirka lagt i grus to år senere da de tyske slagskipene Tirpitz og Scharnhorst bombet den avfolkede byen.

En av de første som kom tilbake etter krigen satte seg på branntomten der kirken hadde stått. Der sang han denne salmen av Grundtvig:

Kirken den er et gammelt hus, står om enn tårnene faller,
tårnene mange sank i grus, klokker enn kimer og kaller,
kaller på gammel og på ung,
mest dog på sjelen trett og tung,
syk for den evige hvile.

Vi er Guds hus og kirke nu, bygget av levende stener,
som under kors med ærlig hu, troen og dåpen forener.
Var vi på jord ei mer enn to,
bygge dog ville han og bo,
hos oss med hele sin nåde.

Mannen som satt i kirkeruinen og sang, fant noen biter av den gamle kirkeklokka i brannruinen. På bitene kunne han stave seg fram til ordene: *«Ære være Gud i det høyeste!»*

Det var en siste hilsen til kirkefolket fra den gamle kirka.

Etter krigen ble kirken på Svalbard en del av Den norske kirke og presten ble embetsmann med tittel sokneprest. Senere ble det kirke på Huset og innvielse av Svalbard Kirke i 1958.

Siden 2007 har vi feiret en årlig gudstjeneste på denne gamle kirkebakken. Vi er i Guds hus selv om vi mangler tak over hodet og vegger. Vi feirer gudstjeneste på vigslet jord under åpen himmel. Rødsildre og svalbardvalmue på marken er våre alterblomster. Her går svalbardrein og beiter, hvitkinngjess hviler i gresset og snøspurven viser sin hvite prakt. Om vinteren ligger snøen hvit med stjerner over mens barnestemmer lyder fra barnehagen ved siden av og biler kjører forbi. For dem som vil gå på ski, starter lysløypa herfra.

Vi er samlet i Guds hus. Midt i det mektige skaperverket med Hiorthfjellet i bakgrunnen, Sukkertoppen, Sarkofagen og Platåfjellet. Et par hundre meter oppe i fjellet ser vi rester fra Gruve 1. Hardt arbeid og liv, men iblant også død.

Vi har en kirke med tak og vegger, Svalbard Kirke. Den ble innviet i 1958. Den er vi blitt glad i. Men vi har også en annen kirke, en katedral ute hvor vi feirer gudstjeneste. Vi ser spor tilbake i tid, til den gang da Gud skapte jorden, til tiden før fossilene vi i dag kan finne ved foten av Longyearbreen.

I begynnelsen skapte Gud himmelen og jorden. Jorden var øde og tom, mørket lå over dypet og Guds ånd svevde over vannet. 1. MOS 1,1

Vi har spor av de siste hundre år med gruvedrift og kirkeruin. Det er historien vi bygger på som et fundament. Vi skriver historie mens vi lever våre liv. Guds Ånd svever også i dag over Svalbards hvitkledde fjell og is og over menneskene i Longyearbyen.

Vi er tilstede i Guds kirke på Spitsbergen, under tak eller her under himmelhvelvingen. Gud er tilstede midt i vår virkelighet, midt i våre liv. Det er evangeliet. Gud skapte en gang himmel og jord. Gud skaper fremdeles. Han som var, er og blir en sann Gud fra evighet til evighet.

Små blomster

Denne prekenen ble holdt i Svalbard Kirke i juni 2013 på det som kalles 3. søndag i treenighetstiden. Teksten var hentet fra Mark 10,13–16. Med stor sannsynlighet er dette den første teksten mange har hørt fra Bibelen, siden den leses som en del av liturgien i forbindelse med dåpen.

Det er bare noen uker til sola snur og vi igjen går mørke og kulde i møte. Det er rart å nærme seg midtsommer uten helt å hatt følelsen av at det har vært skikkelig vår. Vi er ikke innstilt på vinter når vi allerede er en uke ut i juni måned. Vi gleder oss i takt med snøen som tiner. Vakre, sårbare, men også sterke blomster titter frem mellom snøflakene. Hvis en går en tur opp i lia bak kirka, vil en se bakken full av rødsildre. Den som vil se, kan se livet som titter frem. Den som går med nesen i sky, vil ikke legge merke til de små røde blomstene mellom steinene.

Fokuset i denne gudstjenesten er livet som fødes, blomstene som vokser frem, barn som leker, dåpen og livet som leves i all sin prakt. Det handler om himmel på jord.

Teksten fra Markusevangeliet er en del av vår dåpsliturgi og antagelig den første teksten fra Bibelen mange har hørt. Den leses hver gang et barn blir døpt. Faren med tekster som vi hører mange ganger er at vi ikke legger merke til dem. Det er som med naturen rundt oss. Det vi ser hver dag må vi øve oss i å legge merke til.

Første gang vi så en isbrefront, første gang vi så nordlys, første gang vi så den polarblå himmelen, første gang vi så en isbjørn, det var alle magiske øyeblikk. For en uke siden opplevde jeg et slikt øyeblikk da jeg så årets første rødsildre. Det gjorde noe med meg å se livet som blomstrer etter en kald og lang vinter.

Faren, hvis vi ikke bruker naturen rundt oss, er at den kun blir kulisser i våre liv. Det blir som å gå på teater der alt rundt oss bare spilles og ikke er ekte.

Faren, hvis vi ikke åpner opp for mennesker rundt oss, er at mennesker bare blir gjenstander. Mennesker kan bli ting som ikke betyr noe. Vi kan fort havne der at vi ikke legger merke til hverandre og dermed ikke ser hva som skjer med menneskene rundt oss.

Faren, hvis vi ikke åpner for Gud, er at vi mister horisonten og ikke ser liv utover tid. Vi stopper opp og ser ikke muligheten for noe mer.

Denne søndagen stopper vi opp og kjører inn til siden for å se hva som rører seg i fortellingen om Jesus i møte med barna.

– Ti stille, far sover! Han trenger hvile.
– Gå ut og lek! Ikke bråk!
– Ligg unna! Hold avstand! Kom dere vekk! Ikke forstyrr!

Som barn bodde jeg de to første skoleårene i internatet til den norske skolen på Madagaskar. En dag bråkte vi og sang midt i siestaen for lærerne. Det var ikke populært. Alle de andre ble tatt, mens jeg klatret opp i en høy sypress på utsiden av bygningen. Der kunne jeg se ned på mine venner som en halv time måtte sitte med plaster over munnen. Det var vanskelig for dem å smile da jeg vinket til dem. De var satt ut av spill. Jeg fikk min milde straff senere på kvelden, da jeg ble tatt til side under kveldsmaten og ble snakket til.

Disiplene prøvde å verne sin mester og venn. De la sin ære i å være livvakter som holdt vakt rundt Jesus slik at ingen skulle komme for nær. Spesielt skulle mesteren ikke forstyrres av noen bråkete og masete barn.

Vi ser for oss den milde Jesus som åpner opp for alle, men plutselig opplever vi en Jesus som reagerer. Vi møter den sinte Jesus. Jesus ble lynende sint slik han fremdeles blir når mennesker blir krenket og barn blir mishandlet. Jesus blir sint når mennesker holdes nede. Han tolererer ikke at vi stenger døra og ikke gir rom for de som vil inn.

Jesus løfter opp den svake og gir mennesker ny verdighet. Det var oppdraget. Oppdraget var å frelse verden. Oppdraget var å redde liv. Han løfter opp de små. Dermed løfter han opp oss mennesker og gir oss muligheter.

Hvem er størst? Hvem av oss er viktigst? Hvordan er hierarkiet i Longyearbyen? Hvordan er hierarkiet i kirka? Hvem betyr noe i vårt lille Norge? Hvem betyr lite og ingenting? Hvordan er vårt rangsystem?

Jesus forandrer vårt logiske system. Jesus er den radikale som snur opp ned på våre ideer og posisjoner. Han snur alt på hodet med ordene: «*Den som ikke tar imot Guds rike slik som et lite barn, skal ikke komme inn i det.*»

Det handler ikke om penger. Det handler ikke om makt og posisjon. Det handler ikke om privilegier. Det handler ikke om flinkhet. Det handler ikke om førsteplass i noen konkurranse.

Guds rike er et bakvendtland. Jesus snur rundt på våre forestillinger om hvem som er liten og hvem som er stor. Den første skal bli den siste. Den siste skal bli den første.

Jesus løfter den minste. Han viser oss barnet og sier at vi har noe å lære av dem. Barnet er vårt forbilde.

Vi har noe å lære av det barnlige. Det er som når en liten barnehånd søker våre voksne hender. Det er mye tillit og kjærlighet i den handlingen. Det viser et stort behov for nærhet og kontakt.

Barn er hengivne og avhengige. Det er to viktige egenskaper vi kan lære av. De er avhengig av voksne og dermed må de hengi seg og stole på andre.

Alle blomster på Svalbard er vernet. Vi har ikke lov til å plukke en blomst. Når vi går tur prøver vi å unngå å tråkke på dem.

Alle barn på Svalbard er vernet. Vi har ikke lov til å tråkke på et barn. Vi har ikke lov til å gjøre fysiske eller psykiske overgrep mot barn. Dette er en lov som ikke er spesiell for Svalbard. Det er en universell lov. Det er en guddommelig lov. Hvert eneste barn er spesielt og uendelig verdifullt. Barn skal få lov til å vokse opp med de farger og den prakt de har.

Vi har et ekstra ansvar for de som er avhengige av oss og som griper tak i våre hender. Kirken har sår etter overgrepssaker. Samfunnet har sår. Familier har sår. De største sår har de som er blitt utnyttet og misbrukt. Disse skal vi løfte opp og gi oppreisning. Vi skal løfte opp den svake. Den sterke skal bøyes ned.

Jesus er sint. På samme tid er Jesus mild. Han peker på hva det vil si å tro. Tro er like sårbar som en blomst som vokser opp mellom steinene når snøen smelter. Tro skal ikke tråkkes på. Tro er å hengi seg. Tro er å våge å være avhengig av hjelp og gripe hånden som er strakt ut til deg.

Klarer vi på en barnlig måte å ta imot det ufattelige? Klarer vi å godta det vi ikke kan forstå? Klarer vi å tro det vi ikke ser? Klarer vi å håpe på en fremtid hvor alt det onde ikke er? Klarer vi å leve i en kjærlighet som bryr seg og ser fremover?

Denne uka var alle førsteklassingene ved Longyearbyen skole på besøk. I en time stilte de spørsmål. Så begynte de å klatre på alteret og ville opp i kirketårnet der klokka var. De skrudde av og på noen lys og brukte midtgangen som løpebane. Prosesjonskorset ble til en gitar og et sverd, før de satte seg ned og tegnet Svalbard Kirke og spiste matpakken i ro og fred. Det var levende vakre blomster i Guds hage.

Vi har noe å lære av førsteklassingene med alle sine spørsmål. Vi har noe å lære av leken og følelsen av å være hjemme i Guds hus.

Mange av oss er for store for Guds rike, men ingen er for små. Ingen er for liten for Guds rike.
– Hindre dem ikke!

Ingen av oss vet for lite til å gå inn i Guds rike.
– Hindre dem ikke!

Ingen stiller for dumme spørsmål.
– Hindre dem ikke!

Vi er alle i samme båt. Som barn trenger vi hverandre. Som barn trenger vi kjærlighet. Som barn trenger vi å åpne opp for en annen dimensjon. Livet er mer.

Som barn tar Gud oss inn til seg, legger hendene på oss og velsigner oss.

Brød til den sultne

Denne prekenen ble holdt i august 2010. Teksten var fra Peters bekjennelse i Joh 6,66–69.

Det er ikke ofte jeg er virkelig sulten. De fleste av oss er privilegerte som har nok av mat og drikke. Vi har klær og varme hus. Mens millioner av mennesker lider under konflikter og konsekvenser av klimaendringer, kan vi leve trygt i Longyearbyen. Det er nok av mat i butikken og vannet renner reint og klart fra springen i de mengder vi trenger det.

Millioner av barn sulter på vår lille klode. Samtidig har våre barn nok av det meste. Mens mange ikke vet om de vil få nok mat til seg og sin familie denne søndagen, har vi kjøleskapet og fryseren full. Søndagsmiddagen er klar. Vi spiser søndagsmiddag syv dager i uka. Hver dag, året rundt er en fest. Det er vår virkelighet. Det er min virkelighet. Jeg vet ikke hvordan det er å være virkelig sulten.

Nå tenker dere vel at presten skal kritisere velferden og det at vi er har nok mat. Jeg kan gjerne sette en kritisk pekefinger på overfloden, på sløsingen, på at vi ikke alltid er flinke til å dele med oss. Jeg kan gjerne kritisere meg selv og vår tid, men først og fremst har vi grunn til å være glade og takknemlige.

Vi kan gjerne forme en bønn slik: Takk, Gud, for at vi har det vi trenger og mer til. Takk for at barn i Longyearbyen har nok mat og drikke, klær i kulden og varme i huset. Hjelp oss til å dele og arbeide for at fattige mennesker i sør også løftes opp til et verdig liv.

De fleste har hørt historien om Jesus som metter fem tusen. Det er dobbelt så mange som vi er i Longyearbyen. Hele Longyearbyen og passasjerene på et par cruiseskip, var samlet i Svalbard Kirke. De var sultne og manglet mat. Det eneste som fantes var en liten gutt som hadde vært lur nok til å ta med seg niste med fem brød og to fisker.

Jesus handlet. Underet skjedde. Disiplene kunne dele rikelig til alle. Alle ble mette.

Jesus kunne stoppet der og solt seg i glansen av de mette mager. Han var berømt og omsvermet. Han kunne fulgt opp suksessen og nøyd seg med å skrive autografer. I stedet går han videre. Han peker på hva som virkelig betyr noe. Livet handler om mer enn mat til magen.

Guds brød er det brød som kommer ned fra himmelen og gir verden liv, sier Jesus til oss.

Så legger han til det som blir vanskelig for mange: *«Jeg er livets brød. Den som kommer til meg skal ikke hungre og den som tror på meg, skal aldri tørste.»*

Jesus inviterer til noe mer. Invitasjonen gjelder i dag, i morgen og videre inn i det tidløse. Vi inviteres til et felleskap med hverandre og et felleskap med Gud. Som kirke og som kristne tenker vi i dag og frem i tid. Gud inviterer oss inn i det evige perspektivet.

Den som spiser mitt legeme og drikker mitt blod, har evig liv.

Mange undrer seg over Jesu ord. Noen rister på hodet. Noen sender ut eder og forbannelser. Andre bryr seg ikke og overser det hele. Mange snur ryggen til og går bort. Jesus spør oss: *«Vil også dere gå bort?»*

Fiskeren Peter svarer for oss. Han svarer på en god måte. Peter var direkte i sin måte å være på, som en god nordlending. Han bekrefter vennskapet. Venner er venner, selv når alle svikter og snur ryggen til. Vi er ikke bare venner i medgang, men også i motgang.

Det er ikke alltid lett å være kristen i et tøft gruvemiljø. Det er ikke alltid lett å være kristen i et ungdomsmiljø. Det er ikke alltid lett å være kristen i Longyearbyen. I små samfunn der alle kjenner alle, kan det være hardt å være den som skiller seg ut. Hvis bilen din blir observert foran kirka på en søndag formiddag, vil du kunne måtte høre det. Det har vært et hardt miljø for mange i Longyearbyen i de over hundre årene byen har eksistert. Leser vi kirkens historie her oppe, er det mange beretninger som forteller akkurat det. «Du må'kke komme her og komme her.»

I dag er det mildere. Vi aksepterer hverandre på en annen måte. Det er mer takhøyde. Det er mulig å være kristen i Longyearbyen i dag. Likevel er det mange som sliter med å si at de er kristne også i dag. Det er lettere å si ordet Gud, enn navnet Jesus. Det er lettere å være religiøs, enn å være kristen. Det er lettere å si tja, enn å si ja. Det er lettere å ikke bry seg, enn å stå for noe. Det er lettere å være med i gjengen enn å sette grenser.

Vi tror, ja mer enn det, vi vet at Jesus er Herre. Det er det Peter sier på vegne av oss. Det er en sterk trosbekjennelse.

De fleste av oss er døpt. I dåpen er vi tegnet med det hellige korsets tegn til et vitnesbyrd om at vi tilhører den korsfestede og oppstandne Jesus Kristus. Dåpen er selve inngangsdøra til Guds rike. Når foreldre bærer sine barn inn i Svalbard Kirke, bæres de fram for Gud. Da skjer det noe. Det skjer et nytt under. Livet gis i gave til barna.

I dag inviteres vi et skritt videre. Vi inviteres til nattverd i verdens nordligste kirke. Vi vil ta del i selve brød- og vinunderet. Vi inviteres til felleskap med Jesus og til felleskap med hverandre.

Vi er mette. Vi har det meste av det vi trenger. Likevel trenger vi noe mer. Vi trenger noe som gir livet innhold og mening utover det vi sanser. Vi lever ikke bare av brød og noen fisker. Vi lever i håpet om at Jesus er Guds Hellige.

Kjære venner

Denne prekenen ble holdt i august 2013. Teksten var hentet fra Joh 15,13–17.

Prester begynner ofte gudstjenester med ordene «Kjære menighet». Det gjør jeg sjelden. Jeg liker ikke ordet menighet. Slik vi ofte bruker ordet, blir det en forståelse av de som er innenfor og de som er utenfor. Menighet er i vår norske tradisjon et ekskluderende begrep. Derfor bruker jeg oftere ordet kirke. Jeg sier Svalbard Kirke, ikke Svalbard menighet.

Det er viktig at vi tar menneskene rundt oss med i en raus forståelse av ordene. Gud er raus. Gud er kjærlighet. Gud elsker alle mennesker. Det er selve grunnlaget for hele påskens evangelium og det kristne budskap.

Hvis jeg sier Svalbard menighet, er det viktig at vi har en felles forståelse av hva jeg mener med menighet. Da handler det om de som er tilstede på gudstjenestene. Det handler også om alle som sitter hjemme i sine leiligheter, de som er ute på tur, de som er på fangst, folket i Ny-Ålesund, på Bjørnøya, Hopen, de som ferdes i lufta og på havet, de som jobber i gruva i Svea, forskerne i Hornsund og våre naboer i Barentsburg. Vi nevner alle i forbønnen. Gudstjenestene i Svalbard Kirke er en ressurs for hele Svalbard. Svalbard menighet er en frodig polar hage av ulike blomster.

Jesus går et skritt videre. Han kaller oss venner! Det sier noe om Jesu forhold til oss. Det sier noe om hvordan Gud ser på oss. Kanskje jeg skal begynne gudstjenestene nettopp med ordene «Kjære venner»!

Vi er små i Svalbards natur. Longyearbyen er omkranset av mektige Hiorthfjell, Sarkofagen, Platåfjellet og Sukkertoppen. Tar vi en tur i fjellet eller en vandring alene i Adventdalen, vil vi kunne få en følelse av å være liten i det store mektige landskapet.

Den samme opplevelsen får jeg når jeg skrur av skutermotoren oppe på breen i mørketiden. Stillheten, nordlyset som spiller en symfoni på himmelen, månen og stjernene som lyser opp, gir lys og glimt av noe mer. Lille meg ser opp mot den store himmelhvelvingen. Den lille i det store universet. Det er som om Guds veldighet blir synlig for oss. Skaperen har plassert oss midt i sitt mektige kunstverk.

Opplevelsen av å være liten får jeg også når jeg er på fjorden i en liten båt og vinden fra Sassendalen får bølgene til å gå i hvitt, strømmer i vannet roter til sjøen og båten går opp og ned i store daler av frådende salt sjø. Da føler jeg meg liten og sårbar og sender en bønn opp til Han som sitter i det høye og titter ned og ser at leken er i ferd med å bli alvor.

Midt i følelsen av å være liten, midt i følelsen av at vi er barn som strekker ut handa og klamrer oss fast til noe som er større og trygt, midt i den mektige naturen som omgir oss, midt i alle livets spørsmål som vi ikke har svar på. Midt i alt vi gjør riktig og det vi gjør galt er det at Jesus kaller oss med navn og sier: «Kjære venner!» Dere er store i det veldige universet. Dere er utvalgt. Jeg har kalt dere med navn.

Det går mot stortingsvalg. Partier og politikere skal velges. Det blir et valg av verdier og fremtid. Stortingsvalg er viktig, men i kristen forstand er du allerede utvalgt. I det himmelske perspektiv står du ikke på valg til en ny periode. Det finnes ikke fireårsperioder i himmelen. Der handler valget om hele livet. Det evige perspektiv peker utover det vi ser. Du er allerede valgt.

Men som kirke og som kristne har vi et politisk program. Kirken kan ikke være politisk nøytral. Vi bryr oss fordi kjærligheten bryr seg. Vi bryr oss om hverandre og om jorden vi lever på. Vi bryr oss om fremtiden fordi kjærligheten er handling og ikke bare tomme ord. Kjærligheten er vårt politiske program.

Er det noen av dere som har kastet en stein i vannet noen gang? Hva skjer nå en stein treffer et stille vann? En stein skaper ringer i vannet. Det blir bevegelse i det stille. En liten stein kan starte en kjedereaksjon av bølger.

En slik kjedereaksjon, en bølge av bølger som sprer seg utover, kan være et bilde på kjærligheten som sprer seg. Faderens kjærlighet til Sønnen, Jesu kjærlighet til vennene og vår kjærlighet videre i møter med mennesker utover jord.

Vi er Jesu nære venner. Oppdraget er å bære frukt og dele med hverandre. Kjærligheten er en gave og en oppgave. Vi henter næring fra korsets sentrum, fra den levende Kristus. I sentrum av korset er kjærligheten med Jesu seier over dødskreftene.

Vi har flere vielser i denne kirka. Da heises flagget til topps. Det er fest. Brudeparet får to spørsmål som de må svare på. Svarene de skal gi er enkle. Ordene gir likevel store dybder inn i fortsettelsen av livet. Med et av våre minste ord svarer de to ganger ja.

Jesus sier til oss: «*Elsk hverandre!*» Svarer vi nei, sier vi nei til kjærligheten. Vi kan si tja. Det vil også være et nei. Et brudepar som sier tja, vil ikke bli gift. Et tja er ikke kjærlighet. Men svarer vi ja, vil vi være med å skape ringer i vannet.

Kjærligheten er levende. Det å elske hverandre er levende handlinger i ord og gjerning. Når Jesus oppfordrer oss til å elske hverandre, sier vi ja. Vi våger å slippe kjærligheten løs. Da er vi store i det mektige universet. Da vil kjærligheten få ringvirkninger som strekker seg fra pol til pol. Det gjør verden til et bedre sted å leve. Vår kjærlighet betyr håp for fremtiden.

Kontraster

Preken holdt i september 2013. Søndagens tekst var om de to søstrene Marta og Maria fra Luk 10,38–42.

Det er store kontraster i denne verden. Kontraster mellom by og bygd, mellom land og kulturer. Longyearbyen er et sted med store kontraster. Dette lille tettstedet i Arktis er fullt av forskjellige mennesker med ulike bakgrunner og historier.

Midnattssolen varer fra slutten av april til slutten av august. Det er fire måneder med sol hele tiden. Nå har vi begynt på høsten med overgang fra den lyse tiden til den mørke. Det er store kontraster mellom lys og mørke, mellom vinter og sommer. Vi går fra det varme til det kalde.

Jeg begynte som prest på Svalbard i august 2006. Mitt første møte med øyriket var et møte med det ukjente. Det var som om flyet hadde tatt feil og landet på månen. Det samme slo meg i møte med menneskene. Alt var ukjent. Jeg kjente ingen og ingen kjente meg. Jeg så det ytre og folk så den nye presten med det lange rotete håret.

Glimt av liv i møte med ulike blomster i den polare hagen. Vi er forskjellige utenpå. Det kan vi se. Noen går i dressjakke. Andre går i turklær. Noen gjør som jeg og går i kjole. Noen liker rødt. Andre liker blått eller grønt. Noen har langt hår. Andre har kort. Noen er unge og mange er vi som tror vi aldri blir gamle.

Vi har forskjellige utseende. Like spennende er det at vi også er forskjellige inni. Vi er et spennende mangfold av ulikheter både utenpå og inni.

Alle har vi våre gode og vonde historier. Vi kan gjøre noe med fremtiden, vi kan gjøre endringer i vår måte å leve på, men historiene våre ligger der. Den er uforanderlig. Historiene kan være som åpne sår eller som vakre tanker på det som var. Vi har lykkes i livet og vi har mislykkes. Vi er ulike blomster i Guds hage med våre personlige historier og liv.

Våger vi å bli kjent med andre mennesker og deres historie? Er vi interessert? Vil vi bare bli kjent med det ytre, eller er vi interessert i mer?

Skal vi våge å bli kjent med hverandre, trenger vi å dele tid sammen. Vi trenger å sitte ned ved hverandres føtter og dele et måltid og et glass av den beste vin. Vi trenger å gå sammen på fjellet og drikke varm god hjemmelaget sjokolade idet vi når toppen. Det holder ikke med en kjedelig pose kakao. Det må være noe mer. Det hjelper med nystekte boller som en overraskelse i tursekken. Da begynner vi virkelig å bli interessert.

Maria setter seg ved Jesu føtter. Hun har god tid, slik Jesus også har tid til oss. Jesus vil snakke, og han vil lytte til våre liv. Han er interessert i hvem du er.

Marta hadde ikke tid. Det var for mye å gjøre. Det var for mange praktiske ting som skulle ordnes. Hun hadde ikke ro til å sitte ned.

Mye godt arbeid gjøres. Vafler stekes, gulv vaskes, arrangement og aktiviteter planlegges og gjennomføres. Kirka er full av mennesker som gjør. Uten Marta hadde kirka stoppet opp. Uten Marta hadde kulturlivet i Longyearbyen blitt en kjedelig visnet rose. Da hadde vi fått problemer. Vi trenger Marta. Vi trenger gjørere. Vi trenger folk som gjør en innsats i tråd med det som står i skriften: *«Vær Ordets gjørere, ikke bare dets hørere.»*

Kjærligheten er konkret. Kjærlighet er handling. Kjærlighet er å se og gjøre noe med det vi ser.

Problemet er at vi har lettere for å gjøre enn å være. Vi må ikke miste evnen til å ta imot, evnen til å puste inn og puste ut. Det er livets ABC. Vi puster med både kropp og sjel.

Midt i livet med alle dets nyanser og farger, trenger vi noen pausesteder. Midt oppe i alle inntrykk fra den mektige naturen rundt oss og dager som fylles av arbeid og gjøremål, trenger vi et annerledes rom. Midt inn i Longyearbyens pulserende natteliv med et antall utesteder som tilsvarer livet på Manhattan, trenger vi noe mer.

Fra min barndom husker jeg vi kjørte på smale veier i Ryfylke i en liten folkevogn. Problemet var hvis vi møtte en bil. Heldigvis stod det noen steder skilt med en stor M. Det betydde at veien var utvidet med en sidelomme der vi kunne svinge ut av veien for at de møtende bilene kunne passere.

Utenfor Svalbard Kirke står et skilt med en stor P. Det betyr at det er mulig å kjøre til side og parkere for å ta en pust i bakken. Kirkens rom er et pustested. M for menighet og møtested. P for pause og pustested.

Kirkens rom er et sted for lystenning og ro, et sted hvor vi møter hverandre og ser. Vi trenger et slikt sted hvor vi kan ta en pause før vi kjører videre, et sted hvor vi kan komme med alt vi bærer med oss og legge det fra oss.

I fjellene rundt Longyearbyen er det millioner av stein. Stein på stein. Porøse fjell med løse steiner. Hvis vi vil slite oss ut kan vi begynne å bære stein. Vi kan flytte stein fra et sted til et annet. Da ville vi ikke få annet å gjøre enn å bære stein.

Prøver vi å bære egne liv vil vi slite oss ut. Da vil vi ha lite energi til å gi noe videre. Med stor sannsynlighet vil vi knekke sammen under den tunge børa av oss selv og steinene vi prøver å bære på.

Kirken er et sted for å sitte ned ved Jesu føtter. Da sitter vi ved kjærlighetens kilde, lader batteriene for videre liv og vi får muligheten til legge fra oss steiner vi bærer på.

Jesus er gjest hos Marta og Maria slik han er gjest hos oss i Svalbard Kirke. Her er han hjemme i sin Fars hus. Slik kan vi også invitere han hjem til oss selv på en kopp kaffe eller den beste hjemmelagde varme sjokolade. Det handler om å våge å sitte ned, lytte og snakke.

M

Utenfor kirka står et skilt
P for parkering
pause
pust inn pust ut

Om du ferdes på smal vei
M for møtende bil
menighet
stopp opp ta en rast

Kirka er et annerledes sted
K for kjærlighet
E for evighet
Gud er med
Gud er med

Leif Magne Helgesen

Rutinekontroll

Bots- og bededag er en spesiell dag i kirkeåret. De siste årene har navnet skiftet til bots- og bønnedag. Fremdeles er det noe alvorstungt over dagen. Den er plassert på siste søndag i oktober og dermed er den i Longyearbyen farget av at sola har forsvunnet.

Denne prekenen ble holdt i oktober 2011. Teksten for dagen var fra Hebr 3,7–14.

Bots- og bededag høres mørkt og depressivt ut. Det er som om mørket legger seg over Longyearbyen i takt med at sola har forsvunnet fra fjelltoppene og vi igjen går inn i polarnatten. Sola har forsvunnet fra Hiorthfjellet. Om noen uker blir dette karakteristiske fjellet helt borte i mørket. Det er noen måneder til neste gang vi kan løfte blikket og nyte utsikten og solstråler i ansiktet.

Det ville vært enklere å forstå hva dagen handlet om hvis den het «bots- og bedringsdag». Denne søndagen er som en årlig helsesjekk.

Vi godtar at en bil må inn til EU-kontroll med jevne mellomrom. Det handler om en rutinekontroll vi ikke kommer utenom. Hvis vi ikke lar et verksted kontrollere bremser, lys og hvor mye rusten har spist av bilen, vil den bli avskilta. Vi må ha papirene i orden hvis vi skal kjøre på veien.

Når vi besøker legen, er det kroppen det handler om. Vi forstår at vi må på sykehuset hvis noe er galt. Vi forstår også at det er viktig å ha en legesjekk med jevne mellomrom og at det er viktig å tenke kosthold og trening for å forebygge livsstilssykdommer.

I dag, på bots- og bededag, er vi inne til en årlig rutinekontroll. Det handler om noe så viktig som selve livet. Det handler om våre liv. Vi trenger en vårrengjøring, eller en «høstrengjøring» siden denne søndagen er lagt til høsten.

Alle som har båt, vet at det er viktig å få den på land før vinterstormene røsker til havet og is igjen legger seg på fjorden. Motoren må vaskes i ferskvann og ulike deler må smøres.

Vi forbereder oss på det som kommer. Vi forbereder oss på vinteren ved å få båten på land, skuteren gjøres klar til nye opplevelser og vi finner fram sollampa og trantablettene. Vi ser fremover. Skal vi bo her vi bor, må vi tåle snøføyka, mørke og vind. Da må vi være forberedt på det været vi får.

I begynnelsen av gudstjenestene legger vi våre liv frem for Gud. Både det vi har gjort galt og det vi har unnlatt å gjøre riktig, legger vi frem for Gud for å bli ferdig med det og gå videre. Det er som å vaske hendene før vi skal spise.

En ytre hygiene er viktig, slik det også er viktig med en indre hygiene. Det indre handler om hjerterytme ved at pusten går og et hjertespråk som blomstrer i oss. Vi vet samtidig at en blomst kan visne hvis den ikke stelles og får vann og næring.

Det er ikke min oppgave som prest å dømme eller fordømme noe menneske. Det er heller ikke min oppgave å dømme meg selv. Vi vet alle at livet er utfordrende. Noe gjør vi riktig. Noe gjør vi galt. Slik sett er vi i samme båt, enten vi er prest eller menighet.

Det er ikke min oppgave å peke innover i tunnelen. Ser vi inn i en mørk tunnel vil alt bli svart. Mye av norsk kristenliv har nettopp levd i tunnelen. Teologisk har vår kirke tradisjonelt hatt fokus på langfredag med mørke, sorg og synd. Mange har tatt avstand fra det kristne fellesskapet på grunn av mørkemannstaler og dommedagsprofetier. Det er som om kirken skulle mene at livet skal innskrenkes og være grått og kjedelig.

Vi har noe å lære av vår søsterkirke i øst. Det er en teologisk forskjell mellom den lutherske kirke og den ortodokse kirke. Mens vår kirke har levd i langfredagsmørket, har våre ortodokse venner levd med lys av 1.påskedag og oppstandelsen. Fokuset rettes mot tunnelåpningen. Vi trenger ikke se inn i graven. Graven er tom. Vi kan vende blikket utover. Vi kan se ut mot morgenlyset. Da lever vi i gleden og i håpet.

Vi er frie mennesker. Vi lever ikke i syndens mørke, men i nådens lys. Vi lever i lyset fra himmelen, et lys som er mye sterkere enn solen på himmelen om sommeren og mer spektakulært en nordlyset om vinteren. Vi er frie mennesker i lys av Jesu oppstandelse og frigjøring.

Ser vi på det onde i verden, blir vi deprimert. Ser vi på hverandre, blir vi interessert. Ser vi på Jesus, blir vi inspirert.

Hvis vi ser mot mørket, går vi mot mørket. Vi går i den retning vi ser. Øynene sitter i vår gangretning. Ser vi mot Kristus, går vi mot lyset. Kursen er tunnelåpningen 1. påskedag.

I Svalbard Kirke er det nattverd på de fleste gudstjenester. Nattverden er kirkens festmåltid hvor vi er sammen med hverandre og med Gud. Vi inviteres til å ta del i det gode liv, ta del i kjærligheten, ta del i Kristus.

På bots- og bededag er nattverden en naturlig del av gudstjenesten, slik vi ofte feirer den sammen med muligheten til å tenne lys. Vi tenner våre lys i bønn for våre og andres liv, samtidig som vi bærer med oss egne liv frem for Gud.

Jesus inviterer oss til et festmåltid med ordene:

Kom til meg alle dere som sliter og bærer tunge byrder, og jeg vil gi dere hvile.
MATT 11,28

Vi har del i livets Gud. Det er lys utenfor tunnelen. Det er lys i polarnatten.

det gryr av dag

bak horisonten skinner sola
himmelen som et malerskrin

det gryr av dag
mørket forsvinner
lyset kommer
et tegn på liv

skyer som før lå lavt
løser seg opp
varme stråler fyller luften
en sovende verden våkner
natta er forbi

fuglen begynner sin dans
møter dagen med sang
stemmer i flerstemt kor
en salme over jord

ut med vingene, fly over jord
fly i frihet på himmelens ord

Leif Magne Helgesen

Allehelgensdag

Allehelgensdag er en spesiell søndag i året. Mange tenner lys på gravene til sine kjære. Det er en dag hvor vi ser tilbake, en dag for minner og følelser. Noen bærer savnet etter en eller flere som har gått bort. Det kan ha skjedd siste året, eller år tilbake. Savnet kan likevel være stort, selv om år har gått. En stol står tom. En grav å stelle. Det er virkeligheten for mange.

Hver allehelgensdag feirer vi gudstjeneste i Svalbard Kirke. Det er hvitt som er symbolfargen. Hvit er festfargen i kirken. Det gir en retning fremover til det evige. Sorg, men også glede over håpet som er sterkere enn døden.

Allehelgensdag i 2011 ble en sterk markering. Noen måneder tidligere skjedde tragedien på Utøya og i regjeringskvartalet.

Salige er de som skaper fred for de skal kalles Guds barn.
MATT 5,9

Sommeren var fager i all sin prakt med godt vær og dårlig vær, med lek og alvor, med moreller fra trærne og jordbær på marken. Det var en normal sommer i sør med regn, regn og regn og solskinn en gang i mellom. Noen tok ferieturen utenlands til varmen eller til våre naboland.

I Longyearbyen var det en vanlig sommer med godt vær slik det alltid er her i nord. Vi forlanger ikke så mye. Vær er godt vær. Så enkelt er det. Noen gikk på fjellturer. Noen ungdommer hadde sommerjobb. Byen var full av turister. Mange av oss fastboende var nede på fastlandet på ferie. Alt var normalt.

Det var en vanlig sommer, en sommer som plutselig ble forandret på ettermiddagen 22. juli med bomben i regjeringskvartalet og terroren på Utøya. En sommer ble forandret. Vi som nasjon ble forandret. Vi som lokalsamfunn og enkeltmennesker ble forandret. Den politiske rose hos Arbeiderpartiet og AUF ble rammet. Det politiske Norge ble rammet. Vi ble alle rammet.

Rosen har torner, men heldigvis har rosen også det vakre i seg. Noe av det sterke som står tilbake etter 22. juli, er blomsterhavet i dagene og ukene etter terroren. Tusenvis av mennesker med roser i hendene, roser som ble lagt ned foran Oslo Domkirke, på torget i Tromsø og utover hele landet var et kraftig symbol på hvilket samfunn vi vil ha.

Selv til Longyearbyen fikk vi sendt opp noen roser. I tillegg tente vi mange lys i kirka, på torget og på ungdomsklubben. Vi var i sjokk og sorg, men rosen og lysene gav håp om noe mer.

Vi mistet noe av det fineste og mest dyrebare vi hadde den 22. juli. Vi mistet mennesker vi var glad i. Vi mistet noen av våre kjære ungdommer. Vi mistet en del av fremtiden. I lange timer og døgn fikk vi følelsen av å være i krig. Vi vant ikke krigen, men vi vant freden. Vi vant kjærligheten!

Allehelgensdag er en spesiell dag. Vi minnes de som har gått bort. Vi minnes Johannes Buø som skulle fylt 15 år i går. Han var en av våre konfirmanter i Svalbard Kirke tidligere i vår. Johannes var en av de yngste som ble drept på Utøya. Vi lyser fred over hans minne.

Vi minnes alle de 77 som døde på Utøya og i Oslo 22. juli. Fred være med deres minne.

Det er også andre som har gått bort dette året. Allehelgensdag minnes vi også dem. Noen har mistet noen av sine kjære, gamle eller unge, på fastlandet eller her på øya. Vi tenner lys og fakler i bønn og i respekt for hver og en. Hvert menneske er verdifullt og smertefullt å miste.

Allehelgensdag er en hvit dag i kirkeåret. Alle prester i Norge er kledd i hvitt. Hvitt er festens farge og lysets farge. Det er renhetens farge. Hvitt er snøens farge slik vi kjenner den fra fjellene som males i hvitt hver høst når snøflakene daler ned fra himmelen. Det hvite lyser opp i mørket.

Denne dagen minner oss om at døden ikke bare er sorg. Som kirke og som enkeltmennesker klamrer vi oss til håpet. Vi ser fremover til morgendagen. Vi ser fremover mot det tidløse, til evigheten. Vi håper på noe mer. Vi håper på det evige livet, samtidig som vi også tror på livet før døden.

I livet før døden har vi en jobb å gjøre. Det handler om å se hverandre og gjøre noe med det vi ser. Det handler om mange av de verdier ungdommen på Utøya var samlet rundt, verdier som solidaritet og kampen for en bedre verden.

Salige er de som hungrer og tørster etter rettferdigheten, for de skal mettes.
MATT 5

Livet er sårbart. Det vet vi mye om. Det har skjedd mange tragedier opp igjennom historien på Svalbard. Vi er sårbare. Det er liten avstand mellom liv og død. Vi merker sårbarheten når vi mister mennesker vi er glad i. Når vi mister noen av våre kjære er vi på det mest sårbare.

Kjærligheten er sårbar, men den er ikke svak. Kjærligheten er sterk.

Vi er sterke sammen i våre fellesskap. Vi er sterke når vi sammen setter kurs mot morgendagen og går videre i livet uten å miste kjærligheten som vår grunnleggende verdi. Vi er sterke når vi står sammen i kampen for en bedre verden.

Vi er sterke når vi midt i sorgen også kan feire gleden over livet. De gode minner om det som har vært, de gode stundene sammen lever videre. Vi gleder oss over alt det vakre, alt som betyr noe mer.

Vi er sterke når vi forandrer hat til kjærlighet.

Vi er sterke fordi vi tror på kjærligheten som er sterkere enn døden.

«Sorgen og gleden de vandrer til hope», lyder en av våre salmer skrevet av Thomas Kingo. Et av versene forteller noe om styrken i det sårbare:

> *Angsten skal vendes til varende glede,*
> *smerten skal vinne så salig en fred,*
> *armod bli kledd i det rikeste klede,*
> *styrke skal komme i svakhetens sted.*

Allehelgensdag på Longyearbyen Kirkegård

Etter gudstjenesten på allehelgensdag er det tradisjon å gå i fakkeltog til Longyearbyen Kirkegård. Der har vi en markering med salmesang, stillhet, bønn og noen ord. Kirkegården ble anlagt i 1917 og vigslet to år etter. Fremdeles er det en aktiv kirkegård. På grunn av permafrosten er det bare mulig med urnenedsettelse.

Kirkegården er karakteristisk der den ligger under Platåfjellet. De fleste graver er markert med hvite trekors.

Denne andakten ble holdt i 2009.

Livet på Svalbard er sårbart. Det vet vi mye om. Det gjelder livet i naturen med forandringer i klima, isen som smelter, livet i havet, planter, dyr og fugler. «Naturen roper sårbar», lyder en strofe i Svalbardsalmen som ble skrevet til 50-årsjubileet for Svalbard Kirke. Som enkeltpersoner og som felleskap er vi sårbare. Desto viktigere blir det at vi kan samles i fellesskap med en verdig markering på kirkegården.

Solen har gått ned. Vi er i den mørke tiden av året. Snart er det mørkt 24 timer i døgnet. Det er en utfordring. Men Gud finnes også i mørket. Gud forlater ikke Svalbard selv om sola går ned. Gud forlater ingen av oss, selv om livet blir vondt og vanskelig. Svalbard er ikke et gudsforlatt sted. Det finnes ikke noe sted Gud ikke er. Det er lys i mørket. Gud er med oss, både i livet og i døden.

Se, jeg er med dere alle dager inntil verdens ende! MATT 28

Vi er på historisk grunn. De første gravene er fra 1917. Vi vet at det finnes mange graver også andre steder på øya, fra oppdagelsesferder, fra fangst og gruvevirksomhet. Mange har også blitt fraktet ned og blitt begravet på sitt hjemsted. Noen har gått før oss. Alle graver har sin egen historie fra langt tilbake eller fra nyere tid.

En kirkegård er et sted hvor tiden stopper opp. Det som skjedde for flere år siden, kan likevel være nært for den som står tilbake. Det som skjedde nylig, kan virke langt borte. Historiene og minnene lever videre. Noe er borte, men likevel nært.

En kirkegård er kjærlighetens sted. Mennesker vi var glade i er gått bort. Mennesker som gav farger i våre liv er døde.

Kirkegården er også håpets sted. De hvite korsene er minnesmerker, men også symbol på håp. Vi lever vår korte tid på jord, men Gud har gitt oss plass i det tidløse, det evige. En dag skal vi møtes igjen. En dag skal smerte, sorg og alt det vonde være borte.

Se, Guds bolig er hos menneskene.
Han skal bo hos dem,
og de skal være hans folk,
og Gud selv skal være hos dem.
Han skal være deres Gud.
Han skal tørke bort hver tåre fra deres øyne,
og døden skal ikke være mer,
heller ikke sorg eller skrik eller smerte.
For det som en gang var, er borte.
ÅP 21,3–4

I respekt minnes vi de som har sin grav på dette sted. Vi minnes også dem som er gravlagt andre steder på Svalbard og de som aldri ble funnet enten de ble borte i fjellet, i isen eller på havet. Vi vil også minnes dem som har fått sin grav på fastlandet i sør.

Vi lyser fred over deres minne.

Lys i mørket

Morgenandakt i NRK.

Lyset skinner i mørket, og mørket har ikke overvunnet det.

JOH 1,5

Vintermørket har senket seg over Svalbard. Det er natt. Overgangen fra midnattssol til middagsmørke går fort. Det er som et teppe legger seg over oss i løpet av noen få uker og vi går inn i polarnatten. Hvordan kan vi bo her? De fleste av oss liker både lys og varme. Hvordan kan vi finne på å overvintre «her, kor ingen skulle tru at nokon kunne bu»?

De fleste av oss som bor i isødet på Svalbard opplever mørketiden som en god tid. I mørketiden er det mer ro over liv og samfunn. Da er det mange fine møter i hjem og på utesteder med gode samtaler i polarnatten. Men mørketiden er også en tid hvor noen sliter. Noen har problemer med å sove og noen synker sammen i ensomhet.

Det er ikke noe problem å være alene, men det er vondt å være ensom.

Vi som bor i Longyearbyen er avhengig av hverandre. Vi har ikke våre tidligere vennekretser og storfamilie med oss når vi flytter nordover. Vi er avhengig av fellesskapet. Der ligger hemmeligheten på hvorfor vi trives. Avstanden mellom menneskene er ikke stor.

Det kan være tøffere å være alene i en stor by. Det er det mange som kjenner på. Ensomhet er en av de største lidelser vi har. Den kan ramme oss både som gamle og som unge, enten vi er friske eller syke. Det er viktig å se hverandre, selv når mørket og vinteren har lagt seg.

Jeg snakket for litt siden med en av fangstmennene som bor i en hytte for seg selv. I vintermørket drar han alene ut for å sjekke revefellene. Ofte bruker han ikke hodelykta. Han ser bedre konturene i landskapet uten lykta. Snøen lyser opp i det lille lysskinnet fra himmelen. Selv i mørket er det lys. Det skal bare en stjerne til, en liten bit av månen eller nordlys på himmelen.

Det er ikke svart. Det er bare mørke. Det er ikke noe å være redd. Det er lys i mørket. Gud er tilstede.

Svalbard er ikke noe gudsforlatt sted. Det finnes ikke noe sted som er gudsforlatt. Gud er midt iblant oss med sitt lys, med sitt håp. Gud ser deg enten du er sammen med noen, er alene eller ensom. Guds ånd svevde over fjell og is slik det står i begynnelsen av Bibelen. Gud er tilstede både i kirker, bygder, byer og hjem i sør og i nord.

Polarnatten

Morgenandakt i NRK.

Polarnatten over Svalbard er mørk uten et skjær av lys midt på dagen. Det er ikke forskjell på natt og dag. Bare klokka forteller oss når på døgnet vi er. Ukene hvor Gud maler fjell og himmel i blått, ligger bak oss, men også foran oss. Vi ser tilbake, vi lever i dag, men vi ser også fremover.

Den mørke polarnatten gjør noe med oss. For noen er det søvnen som forstyrres. Vi kan få det vi kaller en vinterdepresjon. På fastlandet kan det også være mørkt når skyene ligger lavt og snøen uteblir. Det kan være en utfordring å kjøre på våt asfalt i vintermørket. Det kan være en utfordring å leve når vi ikke ser, enten vi lever i nord eller i sør.

Det er en gave til oss at vi om noen dager går inn i adventstiden. Midt i den kaldeste og mørkeste tiden av året tenner vi lys i adventskransen. Vi skimter julaften noen uker frem. Det var da enda godt at Gud valgte å bli født inn i vår verden på denne tiden av året. Vi trenger det. Et mørkt rom er ikke lenger svart hvis vi tenner et lys. Advent er lyset som skinner i mørket.

Hver advent drar jeg sammen med Sysselmannen på besøk til de ulike bosetningene på Svalbard, fra Bjørnøya i sør til Ny-Ålesund og fangsthytter i nord. Juleturene med sysselmann og prest er en lang og god tradisjon. Det er flotte turer der vi flyr med helikopter over mørklagte fjell og daler, hav og is.

Det er en spesiell opplevelse når vi daler ned foran fangsthytta i isødet. Stearinlys brenner inne i hytta. Det er dekket til fest. Med pilotene som englekor synger vi julesalmen «Deilig er jorden». Den lyder som en håps- og bønnesang for livet. Det er ingen av oss som ville kunne vært solist i en domkirke i sør, men det er likevel vakkert i all sin ufullkommenhet. Vi ber Fadervår og jeg lyser Guds velsignelse over stedet og menneskene.

Det er rart når vi sier farvel og igjen kler på oss skuterdressene og rusler ut i mørket mot helikopteret. Sikkerhetsselene festes og motoren starter. Rotoren begynner å svirre rundt og vi løftes opp i natten. Tilbake står noen få mennesker, kanskje bare en, alene igjen. Vi ser dem stå der i snøen og vinke før vi blir borte. Alene midt i vintermørket, men Guds velsignelse følger videre.

Velsignelsen

Morgenandakt i NRK.

Jeg har vokst opp med å synge for maten. Det er en fin skikk. Et bordvers er også naturlig å synge før nattverden i gudstjenesten: «*I Jesu navn går vi til bords og spise, drikke på ditt ord.*»

Vi har nattverd på de fleste gudstjenester i Svalbard Kirke. Noe av det flotteste med vår lutherske kirke er at vi har et åpent nattverdbord. Det er åpent for alle mennesker uansett tittel eller rang, farge eller utseende. Vi spør ikke om vedkommende har sterk eller svak tro. Uansett alder og adferd er alle velkomne til nattverd. Vår kirke inviterer inn til et raust møte med den levende Gud. Vi kan komme som de mennesker vi er.

Før nattverden synger vi ofte dette vakre bordverset:

Alle vender augo sine til deg,
og du gjev dei alle deira føde i rette tid.
Du opnar di milde hand, Gud,
og mettar alt levande, alt levande med hugnad.

Nattverden er et høydepunkt. Vi feirer den slik Jesus vil at vi skal feire i felleskap med ham og med hverandre. Det er et gjestebud, et festbord for alle verdens folkeslag. Nattverden er et kjærlighetsmåltid.

Etter nattverden står jeg ved alteret og ser ut over folket. Alle har reist seg og synger siste salme. Som prest skal jeg lyse velsignelsen. Ordene forteller at gudstjenesten ikke tar slutt. Velsignelsen vil følge oss videre i dagene og nettene som kommer. Natten kan være lang og kald. Det vet vi mye om. Polarnatten er mørk, men det er også lys i mørket. Velsignelsen lyder slik den har gjort i århundrer før oss.

Under velsignelsen tegner jeg korsets tegn slik det ble gjort ved dåpen. Vi kan selv tegne oss med korsets tegn. Det er en handling som er fin å gjøre i det en står opp til en ny dag. Velsignelsen følger med videre i livet. Igjen lyder den til alle som er tilstede og videre ut.

Gud begrenser ikke sin velsignelse til noen faste benkeslitere. Idet jeg lyser velsignelsen i verdens nordligste kirke, lyser jeg den over alle som er tilstede, de som sitter hjemme, de som er ute på tur, de som bor i andre bosetninger, fangstfolket, de som er inne i gruva, de som er i lufta og de som er ute på havet. Velsignelsen spres utover. Slik lyses velsignelsen over hele det norske folk hver søndag.

Gud er raus. Han ser hver og en av oss. Gudstjenesten er et kraftsenter både for faste kirkegjengere og for alle mennesker.

Både bønnen og velsignelsen har linjer som strekker seg ut som bjelkene i et kors. Det vitner om at det er kontakt mellom himmel og jord. Jesu hender peker utover. Vi har et kall til å gå videre. Bønn og handling. Kjærligheten er aktivt tilstede som en gave og en oppgave.

I sentrum av korset er velsignelsen som spres ut over jord.

Herren velsigne deg og bevare deg.
Herren la sitt ansikt lyse over deg og være deg nådig.
Herren løfte sitt åsyn på deg og gi deg fred.

Takk

til de som har hjulpet meg i arbeidet med boka:
Torunn Sørensen som korrekturleser
Elisa Stokka som inspirator
Unni E. Flatebø for setting av boka
og til de som har hørt ordene fra prekestol eller radioapparat.

Printed by Books on Demand GmbH, Norderstedt / Germany